怎样写出好文章？

给学生的42堂写作指引课

沐绍良◎著

西苑出版社
XIYUAN PUBLISHING HOUSE
·北京·

图书在版编目（CIP）数据

怎样写出好文章？给学生的 42 堂写作指引课 / 沐绍良著 . —北京 : 西苑出版社 , 2022.2
ISBN 978-7-5151-0822-3

Ⅰ . ①怎… Ⅱ . ①沐… Ⅲ . ①写作—青少年读物
Ⅳ . ① H05-49

中国版本图书馆 CIP 数据核字 (2021) 第 264177 号

怎样写出好文章？给学生的 42 堂写作指引课
ZENYANG XIECHU HAO WENZHANG? GEI XUESHENG DE 42 TANG XIEZUO ZHIYINKE

责任编辑　樊 颖
封面设计　异一设计
出版发行　西苑出版社 XIYUAN PUBLISHING HOUSE
地　　址　北京市朝阳区和平街 11 区 37 号楼 邮政编码：100013
电　　话　010-88636419
印　　刷　三河市嘉科万达彩色印刷有限公司
经　　销　全国各地新华书店
开　　本　880mm×1230mm 1/32
字　　数　140 千字
印　　张　8
版　　次　2022 年 2 月第 1 版
印　　次　2022 年 3 月第 1 次印刷
书　　号　ISBN 978-7-5151-0822-3
定　　价　49.80 元

序

目前中学里的写作教学，显然犯着两种偏向。一种是因袭古人思想，始终固执地认为“文无定法”，写文章全凭各人“天才”。谁有悟性，谁有灵感，谁就不难写出杰作，实在无待于教师的指导。大家以为文章一落言诠[①]，立刻就变成“窠臼”，学生即使学会了它，结果也无非“人云亦云”。于是“神而明之，存乎其人”哩；“读书破万卷，下笔如有神”哩。说来说去，不外把写作当作一件神奇玄妙的事情，以为万万不能与应试方法发生丝毫关系。高明如林语堂，也在他的《论作文》中，把所谓“方法”骂得狗血喷头，说是“行文时只需依思想自然之迹，文笔自然之势，不习章法、段法、句法而自成佳境”。但是事实上，今日每一个教师，都不难从他的实际教学经验中，明白任何一级学生，绝不可能个个都像林氏，个个都有天才；不但如此，而且“上智”的天才，在每一级里所占的百分比，简直小得可怜。除此以外，

---

① 一落言诠：局限于文章表面的意思。

大部分却是“中人”和“下愚”，如果要他们一律依着“自然之迹”“自然之势”去“自成佳境”，岂不等于是要他们重新去投胎？

如果以革命的眼光来看这一种“文无定法”的理论，那简直就是历代“御用”文人们闭塞大众文化的借口或幌子。因为把“文章”说得那么“玄之又玄”，就无异于暗示一般大众：“这件事，原是咱们所独占的看家本领，你们天赋了一个笨头，一个笨脑，就只好瞧我们的，怎么也能玩这一套！”试问像这样的理论，我们在今天还有一顾的价值吗？

还有一种是醉心欧美的西洋文明，过分强调“文有定法”，认为文章要写得“通”，必须先从根本做起，搞明白汉语“文法”，才有希望。如果照这一派的主张，那就得向学生摆出一大堆“Parts of Speach”，要学生逐步学习，背定义，做练习，区别词性，解剖文句。要是真的这样做，那么学生到高中毕业的时候，也许还没有学会“造句”哩。结果青年们草草毕业，以后无论就业还是升学，碰到需要写作的当儿，因为连造句的能力都还没有养成，当然只能乞灵于《文章描写辞典》和《学生文章丛刊》之类，东抄一段，西摘一节，七拼八凑，敷衍成篇。

就教育的立场来说，这一种“文有定法”的理论，也显然是胶柱鼓瑟[①]，施之于目前的中学生，未免太矫枉过正。

古代的读书人，所谓“十年寒窗”，学的原只有一门“国文”。可是在今天，每个中学生不但要学国文，还必须学习各种社会科学、自然科学、艺术和外语。学习的项目一多，对于国文科的写作一项，自然无法“多读多写多想”了。

基于上述原因，笔者就想到我们要谋补救，实在非有专门指导青年们写作的读物，缩短他们养成写作能力的学习时间不可。我们既不能认为“文无定法”，要他们自己去长期摸索；也不能过分强调“文有定法”，要他们从背定义、别词性学起，从事那一种“水磨工夫”。打个最粗浅的比方，一个已经学会跑的孩子，虽然常不免跌跤，却绝不愿再让父母两手搀扶，重新从学步做起的。上述的两种偏向，实在都是“过犹不及”，太忽视今日青年的实际情形。一方面客观的现实，正需要尽速动员大量的善于写作的智识青年，完成新中国的文化革命事业，因此这一种专门指导青年的科学的、有系统的写作书，就是更迫切的需要了。

笔者编著这本书，照原来的企图，就是想提供一些有实效、有系统的写作教材。因此动手的时候，一方面以目前青年们的写作通病为对象；一方面以一般青年们能接受、能实践的写作方法为材料，突击地编著成功的。

---

① 胶柱鼓瑟：用胶把柱粘住奏琴，柱不能动，就无法调弦，比喻固执局限，不知变通。

至于这本书里的“写作方法”，自然不是什么“秘诀”之类，而是一些任何写作者都应该明了或遵从的“方向”和“原则”。因此像林氏所说的章法、段法和句法，当然不能不谈；不仅如此，而且还谈到“字法”。课文中所举之例，十之有九都是今文，但也偶然举了一些古文。而之所以采用古文，或者是因为那古文为大家所熟知，其中有值得我们“批判地”接受的地方；或者是因为要让青年们明白所谓“古文”，也并非没有“不通”的，不妨让一部分徒拥虚名的古文出一下丑。本书绝对不想迷恋骸骨，提倡古文，这一点，希望大家注意。

这册小书，不但完成得太匆促，而且在内容的处理上，因为笔者曾经做了新的尝试（例如对于从词发展到句，从句发展到段，从段发展到篇，笔者都以辩证法和唯物论的观点，试做了新的科学的解释），但由于笔者对新哲学还在学习的初期，当然更难免发生错误。[①] 深望学术界的先进们，能不嫌愚陋，不客气地赐以教正。

一九四九年大上海解放后三月

沐绍良

① 本书原名《写作指引》，1949年由大成出版社初版。为适应当代学生的阅读习惯，本书在语句方面做出相应的调整，并将书名改为《怎样写出好文章？给学生的42堂写作指引课》。

目　录
CONTENTS

目 录

CONTENTS

目　录
CONTENTS

一 怎样学习写作？

写作这件事，并不太神秘，也不太容易。一面努力实践，一面接受正确的指示和方法，两方面结合起来、统一起来，就不难得到进步。

写作这件事，有些人把它看得很神秘，以为没有天才或灵感的人，是一辈子也学不好的。有些人又把它看得很机械，以为每个人只要搞通了文法，或者多读一些名文，记住了其中的文句和辞藻[1]，自己拼拼凑凑，就不难写成文章。这两种见解，实在是都错了。

文章是一种写在纸上的谈话。照理说，凡是会说话的人，就应该会写作。不过文章与说话，究竟还有不同的地方：说话的时候，往往东拉西扯，没有条理，没有层次，有时说了半天，还没有说到主题；有时一次谈话，竟把主题变换了好几次。文章却不能那样随便，它必须有组织，有层次，主题明确，首尾俱全。因此它虽然是纸上的谈话，却是一种精练后的谈话。

基于这个缘故，会说话的人要想会写作，还得经过“学习”的阶段。在学习的阶段里，应该从两方面分头努力。

---

① 辞藻：修饰文辞的典故或华丽的词语等。

一方面，要常常练习写作，从实践中训练用字、造句、构段、布局等能力。如果有写不出的字，要请教别人，查考字典；如果有说不明白的地方，要自己用心修改。换句话说，就是要切切实实地“做”。

另一方面，要常常阅读指示写作正确途径的书籍或文章，研究别人文章里用字、造句、构段、布局等方法，作为学习的依据。有些人以为写作的途径和方法，必须由自己去探求，这种说法是不对的。为什么我们不去接受别人宝贵的经验、正确的指示，一定要跑冤枉路呢？

上述两方面的努力，对每一个学习写作的人，都是同样必要、缺一不可的。只有把这两方面结合起来，统一起来，学习才有效果。

参考①

（1）市面上出售的《创作入门》《文章百日通》之类，若检视它们的内容，往往只罗列一些供人套取的句式或供人抄袭的辞藻，学习者得到了它们，对实际的写作并没有多大帮助。在购买时，应该注意挑选。

（2）这本小册子，虽然为读者提供了学习的正确途径

① 本书参考部分为原作者所加。

和方法，但单是把这本书的内容读熟了，也还没有用；一定要加上学习者自己的实践，才有效果。

习题

试回答下列问题：

（1）说话与写作，除了课文所述的不同处，还有什么不同？

（2）学习写作文言文，这件事对不对？为什么？

（3）写作的知识怎样与写作的实践结合起来？

（4）怎样研究别人文章的写作方法？

（5）遇有写不出的字，一味请教别人，会发生怎样的流弊[①]？

① 流弊：指某事引起的坏作用，也指相沿下来的弊端。

二

写作究竟有方法吗？

写作是有方法的。这些方法是从前的作者和我们自己在写作过程中克服了困难而获得的。

通常，大凡有一些天才的作家，都认为写作这件事，根本没有“方法”可说。谁想要学会它，谁就只能自己去暗中摸索。一旦学有所悟，那是他的造化；不然，他只得一辈子不能写作。这种见解，暗示着写文章是聪明的士大夫们所独占的事业；一般工农大众，既然都是“蚩蚩者氓”[①]，自然要学也学不会，还是趁早放弃了这种野心的好。

可是苏联的著名作家左琴科[②]却在《我的创作经验》里说：“天才和灵感——最好不过的东西；但是有时没有它们，也可以写作。”

他又说：“每一个作家都该去学一学根据经验，根据失败，根据自己创作的精密去分析这种技术。写作像鸟唱歌一样，仗着一片创作的灵感，虽然轻而易举，却是有害的。只仗着十片‘神智’，没有技术的知识来写作，是妄诞[③]到

① 蚩蚩：敦厚的样子。氓（méng）：平民百姓。语出《诗经·卫风·氓》：“氓之蚩蚩，抱布贸丝。匪来贸丝，来即我谋。”

② 左琴科(1895—1958)：苏联著名幽默讽刺作家，代表作有《蓝书》《日出之前》《猴子历险记》等。

③ 妄诞：虚妄不实；荒诞不经；狂妄，放肆。

绝顶的事。这样的作家通常是不能持久的。正因如此，我们才看到了这一大堆‘倒运的人’，经过第一次灿烂的经验之后而抛弃文学的人。”

写作究竟有没有方法呢？我们读了上述左琴科的话，知道其实是有方法的。因为他所说的“经验”和“技术”，事实上都是“方法”的别名。以前那些天才的作家都说没有方法，不过是把自己学会的方法当作“秘诀”，藏起来不肯教人罢了。

但是所谓写作的“方法”，绝不是那些八股式的“窠臼”。别人的文章说“一面是荒淫与无耻，一面是严肃的工作”；你的文章就说“一面是糜烂的生活，一面是艰苦的革命”。像这种笨拙的模仿，并不是真正有用的方法。

真正有用的方法，是可以让我们灵活运用的原则，是从许多经验中抽出来的结论，是前人实践的成果，是我们克服困难后所得的教训。大作家托尔斯泰[①]说：“写作过程是时时被障碍阻塞着的。这些障碍，必须跨过去，跨过之后还是有困难的。所谓‘顺笔而下’，一挥而就的事情，无论什么时候，无论谁也不曾有过。写作从来就是困难的，越难，结果越好。”

所以，问题是我们能不能坚决克服学习过程中的各种

① 托尔斯泰(1828—1910)：19世纪中期俄国批判现实主义作家、政治思想家、哲学家。代表作有《战争与和平》《安娜·卡列尼娜》《复活》等。

困难。能够克服困难，我们就能够获得写作的方法，学会写作，“天才”“灵感”之类，大可以不必担心。

参考

（1）“一面是荒淫与无耻，一面是严肃的工作”是我国大文豪鲁迅的话。这两句话放在一起说，因为能取得“对照”的效果，跟杜甫的诗句“朱门酒肉臭，路有死冻骨”一样，是很有力量的写作方法。如果我们能抓住这个原则来学习，而不只在文句的形式上模仿，那就对了。

（2）以前士大夫们不愿把写作的方法教给工农大众，故意说“没有方法”“全靠天才”，一方面是为了他们要独占，一方面也和统治者的“愚民政策”相关。因为他们怕工农大众学会了这种本领，等于得到了一种强有力的斗争武器，对他们和统治者都不利。

习题

试回答下列问题：

（1）工农大众中间，有没有天才的写作者？

（2）天才的写作者，为什么会变成“倒运的人”？

（3）第一课说我们应该研究别人文章里的用字、造句、构段、布局等方法，这一课又说模仿和套取形式并不是真正有用的方法。这两种说法有没有矛盾？

（4）为什么经验和技术是“方法”的别名？

（5）今日社会上会写文章的人，是否都是天才？

三 怎样运用『方法』？

学习写作，一方面要依照正确的方法去实践，一方面要以实践来印证那些方法。既不能迷信书本上的知识，也不应迷信一部分实践的经验。

学习写作与学习别种工作一样：一方面应该依照书本上所说的正确方法去实践；另一方面应该把实践所得的经验，拿来与书本上的方法相印证。如果一味迷信书本，就会成为教条主义者，反而不能得到书本的真正好处；如果一味迷信实践，就会成为经验主义者，也会上经验的当。

每个人在学习写作的过程中，都可以由经验的累积而获得一种结论，一种方法。但是因为每个人的经验都有限，往往不过是一部分，因此从中获得的结论，就未必十分可靠。若要可靠，除非在学习过程中，同时参酌[①]许多人累积多次经验而得到的结论或方法。所以书本上正确的知识，对我们的学习是很有好处的。

特别是在学习开始的时期，我们应该仔细选择正确可靠的方法。例如书上要我们用人民大众的语言写作，不要

① 参酌：参考实际情况加以斟酌。

用古旧的文言写作，那就是一个正确的知识。假使我们不接受新的知识，不去照新的方法学习，糊里糊涂地去学“天地者，万物之宇宙”“光阴者，百代之过客”[①]，拼命往牛角尖里钻，那还不是开自己的玩笑吗？

反过来说，拼命读书，只是死板地记住一些写作的方法，对于我们的学习也是有弊无利的。有些人一口气读了不少指导写作的好书，暂时懂得了许多好方法，却总不知道通过自己的实践而学会那些方法，过后也就忘了。或者他的记性特别好，终身记住了那些好方法，可是也始终只是悬空的“好方法”，不能运用它们，写出好文章来。这毛病，就在于学习方法的时候，自己缺少了写作的实践，没有让实践所得的经验印证那些方法。因此我们要有效地运用“方法”，将其变成自己的能力，就非切切实实地练习写作不可。

今日社会上那些只会批评别人，自己却拿不出货色[②]的人，就都是些知识与实践脱了节的教条主义[③]者。

---

① 这两句话原为“夫天地者，万物之逆旅也；光阴者，百代之过客也”，出自李白的《春夜宴从弟桃李园序》，意思为空间是万物的旅舍，时间是百代的过客。

② 货色：指人的思想、言论、作品等（多含贬义）。

③ 教条主义：亦称“本本主义”，是主观主义的一种表现形式。普遍意义上讲，就是不分析事物的变化、发展，不研究事物矛盾的特殊性，只是生搬硬套现成的原则、概念来处理问题。

参考

（1）一味读书，死记方法而不去实践的人，结果常会变得“眼高手低”。越是“眼高手低”，自己就越不敢动手写作，所以说“有弊无利”。

（2）“教条”是指书本上所说的方法、规则等。

习题

试回答下列问题：

（1）你愿意做一个经验主义者，还是教条主义者？试述其故。

（2）书上所说的知识，是不是一定对？如果不对，我们有什么方法明白它不对？

四 文字和语言

写作时，造句和用字，必须力求大众化。大众无法了解或无法听懂的句法和字法，都应该避免。

毛泽东在《新民主主义论》[1]中说道："革命的文化人而不接近民众，就是'无兵司令'，他的火力就打不倒敌人。"这句话是什么意思呢？

从前的读书人，大都把自己的文章，看作沽名钓誉、升官发财的工具，因此在写文章时，就尽力卖弄自己的才学，刻意求取统治者的赞赏；用字越古越好，造句越奇越妙，务使读起来叮叮当当，"掷地作金石声"[2]，不管人民大众是否能够懂得。据说宋祁[3]和欧阳修合撰《新唐书》的时候，常喜欢用生僻字更改原文。当时欧阳修不以为然，却又不便直言反对，就写了"宵、寐、匪、祯、札、闼、洪、庥"八个字给宋祁看。那宋祁不知欧阳修故弄玄虚，

---

① 《新民主主义论》：毛泽东1940年1月9日在陕甘宁边区文化协会第一次代表大会上的讲演，原题为《新民主主义的政治与新民主主义的文化》，载于1940年2月15日延安出版的《中国文化》创刊号。

② 掷地作金石声：比喻文章辞藻优美，声调铿锵。

③ 宋祁(998—1061)：北宋官员、著名文学家、史学家、词人。与欧阳修等合修《新唐书》，书成，进工部尚书，拜翰林学士承旨。与兄长宋庠并有文名，时称"二宋"。诗词语言工丽，因《玉楼春》词中有"红杏枝头春意闹"句，世称"红杏尚书"。

暗中在取笑他，反而问他是什么典故。后来欧阳修告诉他："这是我学你修唐书的方法呀，宵、寐、匪、祯，等于夜、梦、不、祥；札、闼、洪、庥，等于书、门、大、吉。"这种文人的习气，在今天看来，是多么可笑！

时代已经不同，对于文章，我们已不应再照过去的那种看法，而应该认为它是教育大众的工具。因此在写作时，用字越浅显越好，造句越明白越妙，务使人人看得懂，能够充分发挥教育大众的作用。否则，你的文章要大家团结起来，人民大众却都不懂，岂不等于白写？你这个司令岂不等于无兵司令？如果放弃了现代化的武器（大众语），你的火力还能打击敌人吗？

目前流行的白话文，虽然已比文言文进步不少，可是它的本身，实在还有很大的毛病。这毛病就是有许多文句和字眼，与人民大众的言语不相符合。因此这种文章朗诵起来，听的人就不能完全懂。试看下例：

（一）唐敖因风头略小，立在舵楼，四处观望。只见船旁这座大岭，较之东口麟凤等山，甚觉宽阔。远远看去，清光满目，黛色参天。（《镜花缘》[①] 第三十九回）

---

① 《镜花缘》：一部带有浓厚神话色彩、浪漫迷离的中国古典长篇小说。作者是清代著名小说家李汝珍(约1763—1830)，以其神幻诙谐的创作手法引经据典，奇妙地勾画出一幅绚丽斑斓的天轮彩图。

（二）一月十九日晨，是雪后浓阴的天。我早起游山，忽然在积雪中，看见了七八朵大开的蒲公英。我俯身摘下，握在手里——真不知这平凡的小草，竟与梅菊一样的耐寒。（冰心[①]《蒲公英》）

上文第一例的“略小”“较之”“甚觉”“参天”，以及第二例的“晨”“俯身”“竟与”等，都不是民众常说的语言（照瞿秋白[②]的说法，是陈死人的语言），不易使民众了解和接受。所以这种文章，虽然是“白话文”，实在还不够大众化，需要进一步的改革。例如说“略小”，不妨改为“小一些儿”；说“较之”，不妨改为“比较”。这二种改革，似乎近于烦琐，却为文章大众化的必要条件。

在句法上，也是如此。你说“甚觉宽阔”，就不如说“觉得很宽阔”；你说“浓阴的天”，就不如说“暗沉沉的天色”。通常爱写这一类陈旧句法的作者，如果写作的时候能够随时检点，就可以改正过来。

---

① 冰心(1900—1999)：中国女作家、诗人。原名谢婉莹，福建长乐人。其散文、诗歌讴歌童心和母爱。代表作有小说集《超人》，诗集《繁星》《春水》，散文集《寄小读者》等。

② 瞿秋白(1899—1935)：中国无产阶级革命家、理论家、宣传家，中国共产党早期领导人。

参考

（1）艾芜[①]在《文学手册》中说：“一般文人，把书上死去的言语，认为文雅可爱，而当代人嘴上讲的话，却看成俗不可耐。因此作文的时候，便尽量寻求古雅的字，填充篇幅……结果，作文使用的言语就一直固定不变，和活人嘴上讲的话，永远分了家……这还是用来写说理文章。至于创作文学作品，则更不成了。因为作品中的人物，直接讲话的时候，就该原封原样记录他嘴上说出的言语。比如一个人力车夫兜揽生意，向客人说‘君乘车乎？’或‘君还价甚低，余弗能往也’，就要不得了。因其最大的毛病，便是缺少真实，不合车夫嘴上说的话。”

（2）关于大众化用语和句法的取得方法，艾芜在那本书中也有很详细的说明，读者可以参考该书，这里不及一一录入。

① 艾芜（1904—1992）：原名汤道耕。1949年加入中国作家协会，主要作品有短篇小说集《南行记》，长篇小说《山野》《百炼成钢》等。

习题

（1）试修改下列文章：

滑翔总会今天成立了！希望滑翔总会自今天起，负起这伟大的时代责任，向全国积极推动，务使每一个中学均设一滑翔部，使大中学生，不分男女，人人都视操纵滑翔机如篮球、足球，如舟车、骑马。航空普及了，自然产生杰出人才。新中国的青年都要飞上天去！这是国家的命运所系，也是青年的幸福所在。

（2）试用本地民众所懂得的地方语，写一篇短文。

五 推敲（上）

写作时，不论要说的是什么，只有一个字（或词）可以表现它。因此我们必须努力寻找，直到发现了这个字（或词）。

文章要写得好，写作的时候必须细心，有耐性，绝不能马马虎虎，潦草塞责。写作态度端正，细心、认真、有耐性，才能写出好文章。例如胸中的意思是“兴奋”，如果因为一时想不起“奋”字怎么写，就随随便便地改写作“高兴”，以为“高兴”与“兴奋”差不多，只要文句没毛病，就算了。这样的写作态度可要不得。托尔斯泰说：“匆忙是一件坏东西，多少热情，都白白洒到纸上了。一部书出版了，销行了，消灭了——这因为它里边是匆忙，没有好好思索，没有作好。”又说：“我第一次写阿尔郝普（关于盗马人的事）小说，给了我不少麻烦——我把它抄写了五次，挪移字句，改换辞藻。”

我国的古人吟诗作文，都很讲究用字。唐代的贾岛①甚至在骑驴子上街的时候，还研究诗句中的字眼，一会儿装

① 贾岛(779—843)：字浪(阆)仙，唐代诗人，人称“诗囚”，又被称为“诗奴”，一生不喜与常人往来，《唐才子传》称他“所交悉尘外之士”。他唯喜作诗苦吟，在字句上狠下功夫。

出推门的姿势，一会儿装出敲门的姿势。直到现在，这件事还被传为美谈。“推敲”一词，也还被大家引用呢。

西洋的作家，也同样注意用字。法国莫泊桑[①]说：“不论要说的是什么，只有一个字可以表现它，一个动词可以使它生动，一个形容词可以限定它的性质。因此我们必须努力寻找，直到发现这个字、这个动词或这个形容词才止。绝不可安于‘大致可以’，绝不可躲避困难而求援于诈伪的字句（即使是巧妙地诈伪也不行）或求援于谐谑[②]的语言。”

良好的文章，它的每一个字，没有不经过作者仔细推敲的。苏联铁霍诺夫写苏德战争时一个苏联的照相师在芬兰湾遭难落水的情景，其中有一段是这样写的：

> 三块奇怪的木板，漂到他身上来，他就看中了它们。但是骑到它们身上去，可并不容易。它们逃开他的手，板脊横竖起来。这时他明白了：假使他不和照相机——他经常的好伴侣告别，那么木板就要舍他而去自己流浪了。（列宁格勒故事《筏上的人》）

① 莫泊桑(1850—1893)：19世纪后半期法国优秀的批判现实主义作家，与契诃夫和欧·亨利并称“世界三大短篇小说巨匠”。他的作品对后世产生极大影响，他也被誉为“短篇小说之王”。代表作有《漂亮朋友》《羊脂球》《项链》等。

② 谐谑：诙谐，逗趣。

这段文章里，还有什么动词，能够比“逃开”和“流浪”更能贴切而生动地说明那三块木板呢？简直没有！可见这位作家的写作态度，也像我国的贾岛一样，值得我们学习。

推敲的唯一原则，是根据客观的现实，要求表现的文字做到切情对景的地步。这并不是只凭幻想，就可以推敲成功的。

参考

（1）关于推敲的故事：唐朝的诗人贾岛有一次上京去应举，在路上骑驴吟诗，吟至“鸟宿池边树，僧推月下门”一联时，想把其中的“推”字改为“敲”字，就引手做推敲之势，竟忘了自己骑在驴子的身上。恰好京兆尹韩愈的车骑迎面到来，贾岛一时来不及回避，被卫士捉到韩愈的面前。结果贾岛说明自己吟诗不决的事，韩愈就替他想了一想说：“用敲字佳。”后世因为这段故事，就以“推敲”一词表示斟酌字句的意思。

（2）动词是一种表示行为的词，如“流浪”；形容词是一种表示事物性质或状态的词，如“好伴侣”的“好”字。

（3）每一个文字叫作“字”，一个或一个以上的文字合起来表示一种意思的，叫作“词”。

（4）铁霍诺夫：苏联现代作家。

习题

（1）下面是一段题名《秋夜》的文章，试就其中加括号的地方加以推敲和修改：

这是一个很（冷静的）地方，（高高的）树木，绕着一座别墅，从别墅中射出（明亮的）灯光来。这时里面有人吹着洞箫，声极（悽惨）。当空一轮（皓）月，驾着一片（彩）云。很是（美丽）。

（2）下面是一段题名《造林运动》的文章，试就其中加括号的地方，加以推敲和修改；空着的括号中，加以斟酌补充。

造林的（　）益有下列各点：①可以（使用）荒地，（　）长木材；②可以（阻滞）水势（倾泻），防御水灾；③可以（凝结）土地，不致崩决；④可以滋生牧草和昆虫，有益畜牧；⑤可以改善风景，（引诱）游人。

（3）为什么在“僧推月下门”的诗句中，“推”字不及“敲”字？试述理由。

（4）试评述贾岛研究用字的方法。

六 推敲（下）

文章是供人阅读的东西，如果读起来不顺口，当然不是好文章。因此，每一个文句中为调整语调所必需的字，是不能随便缺少的。

写作的时候，不但要推敲文字，还要推敲语调。

近人王汉倬写了一篇《东北的春天》，开头说：“东北的气候是四季分明。”这句话，照文句的构造来说，并没有什么毛病，可是我们读起来却总觉得不很顺口。一定要改成下列两式的一式，读起来才顺口：

（一）东北的气候，四季分明。

（二）东北的气候是四季分明的。

可见文句中用了“是”字，句末就该加一个“的”字；要省去这个“的”字，就得同时把“是”字省去。这原因，完全在语调上面。

我们说“血”，就只要写一个“血”字，为什么有时又必须写作“血液”呢？说“病”，就只写一个“病”字，为什么有时又必须写作“疾病”呢？试看下面的例子：

（一）为革命而流血，是我的素志。

（二）当医生抽取血液的时候，她吓得几乎哭了。

（三）病从口入。

（四）疾病的种类很多，一时也说不清。

以上第一例“流血”，若改作“流血液”，便不顺口；第二例“抽取血液”，若改作“抽取血”，也不顺口。第三、第四例“病”和“疾病”的情形，也都相同。可见我们在写作的时候，同样一个词，有时须用单字，有时须用复词，全凭语调的顺口与否，不能随便多写一字或少写一字。好在我们在写作时，有许多词，往往既有单字，又有复词，供我们斟酌使用。例如：

屋——房屋　器——器具　童——儿童　路——道路

船——船只　书——书籍　物——物质　家——家庭

（以上名词）

读——阅读　还——归还　催——催促　择——选择

弃——放弃　躲——躲避　哭——哭泣　抱——拥抱

（以上动词）

乐——快乐　哀——悲哀　坚——坚固　弱——衰弱

伟——伟大　美——美丽　远——遥远　冷——寒冷

（以上形容词）

写作与阅读，是不能分开的。因为我们所写的文章，原是供人阅读的东西。如果别人读起来不顺口，那就绝不是好文章。因此，当我们把文章写成之后，要知道全文的语调是否妥帖，不妨先由自己阅读一遍，如有拗口[1]的地方，应该增删文字，设法加以调整。托尔斯泰说：“我同一切的作家一样，朗声读着句子。不曾如此操作的人，希望他们也去试试看。”又说：“我想朗声读着句子，是工作的很主要的一部分，也是畅快的一部分。可以这样读——读得使一切错处，都被你的吟咏掩盖起来。也可以那样读——读得因为发觉了错处，所以声调才不真起来。”

参考

（1）王汉倬的文章，见于初中国文第一册。

（2）文章写好之后，写作者自己的阅读和修改，实在是一项非常要紧的工作。一个用心的写作者，当他去做这项工作的时候，少不得斟酌推敲，务求改写的文章十分完美；就在他斟酌推敲的过程中，写作的能力不知不觉地进步了。因此每一个学习写作的青年，必须养成仔细阅读和修改自己文章的习惯。

---

① 拗口：说起来别扭，不顺口。

（3）关于文章的修改，应该有一种不妥协的精神。据传宋时王安石吟诗至“春风又绿江南岸”，曾经煞费苦心地修正过。在他的原稿上，“绿”字本作“到”字，后被圈去，注着“不好”；继改为“过”字，又圈去，改为“入”字；旋又改为“满”字。凡十余改，最后定为“绿”字。（见洪迈《容斋随笔》）

习题

试修改下列各句：

（1）富人们只知自己的享受，不管穷人的饿和寒冷。

（2）他说她十分美，你看了觉怎样？

（3）这里的风景真正不错：山青水绿，鸟语花香。

（4）文章写后，最好阅读一遍。

（5）他是我很好的友，你不要捉弄他。

（6）今天是浴佛节，迷信的善男信女都到静安寺去烧香。

（7）不要害怕难，“天下无难事”！

（8）在烈日的下面，梧桐的叶子垂了。

（9）蝉鸣叫着，使人昏昏欲睡。

（10）我在梦中行走着遥远的路，黑暗的路。

七 字汇和词汇

要增强我们的写作能力，应该随时吸收新字和新词，应该多读通俗的书报和杂志。

要增强我们的写作能力，最好随时从书报上吸收自己还不能运用的新字和新词。因为这些新字和新词，如果不能运用，我们的表达能力就会局限在已知的少数字汇和词汇中，不能得到发展。

据说英国的莎士比亚[1]，写作所用的字总共有 12 000 个；俄国的普希金[2]，写作所用的字总共有 10 000 个；法国的莫里哀[3]，写作所用的字总共有 7 000 个。那么，我们究竟要识多少字和词，写作的时候才能运用无碍呢？

根据我国历代的字典来推算，我们知道汉字总数约有 45 000 个；其中除去大部分无用的“死字”外，常用的字不过 4 000 个左右。又据专家的研究，中学生应该认识的

---

① 莎士比亚(1564—1616)：英国文艺复兴时期伟大的剧作家、诗人，欧洲文艺复兴时期人文主义文学的集大成者，西方文艺史上最杰出的作家之一，全世界最卓越的文学家之一。代表作有《哈姆雷特》《奥赛罗》《罗密欧与朱丽叶》等。

② 普希金(1799—1837)：俄国著名的文学家、伟大的诗人、小说家，被誉为“俄国文学之父”。代表作有《叶甫盖尼·奥涅金》《黑桃皇后》等。

③ 莫里哀(1622—1673)：法国喜剧作家、戏剧活动家。他是法国17世纪古典主义文学领域最重要的作家之一，在欧洲戏剧史上占有十分重要的地位。代表作有《伪君子》《悭吝人》《唐璜》等。

字数是：

初中一年级	4 262 个
初中二年级	4 887 个
初中三年级	5 114 个
高中一年级	5 473 个
高中二年级	5 632 个
高中三年级	5 862 个

至于词，应该认识多少，今人还没有可靠的统计和研究。不过在单字方面，既然已有上列的标准，那么词的认识数量，势必已有一定的比例。

要吸收常用的新字和新词，应该多读通俗的书报和杂志。阅读时，最好常做摘记，记录下自己未知的字和词，查考字典辞书，了解其意义，练习其用法。像这样日积月累地去做，新字和新词的吸收逐渐丰富起来，我们的写作能力也自然会逐渐增强。

但字汇和词汇吸收之后，我们却不能像拼凑积木似的，随便拼凑成文。古往今来，不知有多少低能的写作者，不会让自己的思想、意志和情感，灵活地运用它们，只知无聊地从事文字的游戏，企图以华丽的辞藻和铿锵的句调，骗取读者的称赞，结果难免受到“如七宝楼台，拆下来不成片段”的批评了。清代的郑板桥[1]讽刺这一类作者道：“小儒之文何所长？抄经摘史短钉强；玩其词华颇赫烁[2]，寻其意味无毫芒。”试想一篇毫无意味的文章，即使读起来叮叮当当，究竟有什么价值呢？

参考

（1）中国的文字，据汉许慎的《说文解字》，只有9 353个字。历代屡有增加，至清时编纂《康熙字典》时，已达47 053个字，民国以来，仍在增加中。

（2）每个人要测算自己认识的字数，可照张耀翔所编测验一试。即就下列100个字中，查验共有几个字认识(只知读音或只知意义者，以半个字计)，然后以总数乘135倍，所得的积数，即为自己所认识的总字数(下列100个字，是用机会法从一本字典的13 500个字中抽取出来的)。

花、和、叩、切、全、居、奔、科、直、台、腓、职、谨、异、璧、网、纣、绢、密、岛、邦、朵、侨、

① 郑板桥（1693—1766）：原名郑燮，字克柔，号理庵，又号板桥，人称“板桥先生”。清代书画家、文学家。

② 赫烁：明亮闪耀状。

俱、俞、助、协、噜、计、陭、喋、枯、狂、疆、桔、瘦、羹、蚤、药、荫、轴、辩、鲤、策、窝、放、消、漕、时、朏、蒸、滥、旂、遥、剴、郯、蘸、铁、坺、增、挂、扦、㤭 怍、揞、桀、樗、栊、殳、撬、泐、磟、荏、赚、饳、裖、閒、灵、缰、簸、蛊、篮、瘰、渚、猿、焰、臞、葰、趧、獱、鸠、𬣙、獾、锘、黳、豜、髌、鹛、龤、籍

（3）鲁迅在说到写作所用的词汇时，说过这样一个笑话："假如有一位精细的读者，请了我去，交给我一支铅笔和一张纸，说道：'你老的文章里说过这山是"崚嶒①"，那山是"巉岩②"，那究竟是怎么一副样子呀？你不会画画也不要紧，就钩出一点儿轮廓来给我看看吧。请、请、请……'这时我就会腋下出汗，恨无地洞可钻。因为我实在连自己也不知道'崚嶒'和'巉岩'究竟是什么样子。这形容词是从旧书上抄来的，向来就并没有弄明白，一经切实的考查，就糟了。"（《且介亭杂文二集：人生识字糊涂始》）

所以作者自己还没有弄明白的字，写作时最好不要使用，要使用，就得先把它弄明白。

① 崚嶒（léngcéng）：指高峻的山。

② 巉（chán）岩：指高而险的山岩，形容险峻陡峭，山石高耸的样子。

习题

（1）试回答下列各问题：

①为什么认识的字汇和词汇不增加，我们的表达能力就不会发展？

②我们要认识和运用四五千个字，是不是一件困难的事？

③你平时在用怎样的方法吸收新字和新词？

④要吸收新字和新词，诵读字典辞书，是不是一条捷径？

⑤为什么要做摘记？

⑥有些人在写作的时候，常感“词不达意”之苦，这是什么缘故？应该如何补救？

（2）试就参考第二节的材料，测算自己认识的字数。

（3）试做一个中学生应该认识的词数的统计。

八

『鄙人』与『敝人』

读音相同的字，形体相似的字，平时必须做仔细地辨别，写作时使用起来才不致上当。

在写作的时候，把“鄙人”[①]写作“敝人”，固然错误得可笑，但其实，我们自己虽然不至于误写“敝人”，却常会在偶不经心之下，写错了另一些字。有人搜集了一部分常见的别字，做成一副对联给反动政府，说是：

既（厩）有肥马，野有饿孚（殍），岂是鬼神作崇（祟）？

荼（茶）毒生灵，草管（菅）人命，所以病入膏盲（肓）。

还有不少已获相当声誉的作家，也常在原稿上写下错字或别字，例如把“模糊”写作“糢糊”，把树的“榦”[②]写作“幹”，把花的“蕊”写作“芯”，真是屡见不鲜，足为盛名之累。更有许多偶然的“笔误”，如果写作者在写毕全文时，肯仔细阅读一遍，自己一定能发现改正，却因为性子太急，草率从事，结果留下了被人笑话的把柄。

我国的文字，读音相同的，固然容易误写；形体相似

① 鄙人：知识浅陋的人。谦辞，对人称自己。

② 榦：“干”的异体字。

的，也很容易混错。

以前有一个投考北京大学的中学毕业生，在考卷上把科学昌明的“昌”字，误写作“倡”字，被刘半农[①]大大地嘲弄了一顿。

尤其是那些读音相同而形体又很相似的字，我们平时必须做仔细的辨别，写作时，使用起来才不致上当。

例如：

“班”与“斑”，“弊”与“幣”，“璧”与“壁”，
“辨”与“辩”，“蓬”与“篷”，“藉”与“籍”，
“徧”与“偏”，“靡”与“糜”，“密”与“蜜”，
“杪”与“秒”，“復”与“複”，“帖”与“贴”，
“蜡”与“腊”，“粱”与“粱”，“杆”与“秆”，
“枴”与“拐”，“仆”与“朴”，“侯”与“候”，
“穫”与“獲”，“兢”与“競”。

这些字常有人混用，不断地闹出笑话来。

另外还有少数的字，它们的用法，简直与原来字形的构造背道而驰，更不得不加以注意。例如陪伴的“陪”字，

---

① 刘半农(1891—1934)：诗人、语言学家和教育家。他一生著作甚丰，创作了《扬鞭集》《半农杂文》，编有《初期白话诗稿》，学术著作有《中国文法通论》《汉语字声实验录》等，另有译著《法国短篇小说集》《茶花女》等。其中《汉语字声实验录》荣获“康士坦丁语言学专奖”。

照我们需要表达的意义来说，似乎应该写成“倍”字，才觉贴切；但实际上，“倍”字却只作数量上的应用。

文章中误写了别字，虽然不能说是一种挺严重的错误，但是每一个汉字都有它独特的含义和用法，我们在写作的时候，就不该张冠李戴，随便乱写。

参考

鲁迅说：“现在的学校，科目繁多，和先前专攻八股的私塾，大不相同了。纵使文字不及从前，正也毫不足怪。”所以今日学生的课卷中，偶有一两个字误写，实在情有可原。但如误写太多，那实在也不是办法。所以鲁迅又说：“我并不提倡写别字。假如我在做国文教员，学生写了错字，我是要给他改正的。”（《且介亭杂文二集》）

习题

（1）试回答下列各问题：

①读音相同的字，为什么容易误写？试举例说明。

②形体相似的字，为什么也易混错？试举例说明。

③什么叫作“笔误”？有了笔误，如何补救？

④文章写成之后，为什么自己要阅读一遍？

（2）试检阅自己在过去所写的文章，摘录所写的错字和别字，列成一表，张贴起来，以备随时留意改正。

九
『大同』和『小异』

对于意义和用法相似的一组词，应该明白它们在“大同”之中，还有各自的“小异”。要明白这种小异，必须把它与别的同类词进行仔细比较。

不善措辞的人，随处会闹笑话。有人听到别人问自己“尊姓”，竟慌忙地回答道：“尊姓是陈。”像这样的笑话，并不是信口开河，而是确有其事。

措辞的巧拙，不但在谈话写信时应该注意，就是在写文章的时候，也绝对不能忽略。木匠和泥水匠搭盖房子，不能说“创造”；医生诊查疾病的原因，不能说“发明”。因为“创造”的东西，必须是别出心裁的；“发明”的事物，必须是前所未见的。如果对匠人的工作说“创造”，对医生的诊查说“发明”，就犯了措辞不妥的毛病。试看下例：

（一）十数只八哥又似亲热，又似斗嘴，在枝头上呐喊，追逐，翻滚。（宋成志《春晨散曲》）

（二）俯拾了几片花瓣归来，我珍摄[①]着它。（同上）

① 珍摄：书信套语，指保重（身体）。

以上两例中的“呐喊”和“珍摄”，措辞都显然有问题。八哥虽是一种善于学舌的鸟，但是谁听到过它们的“喊”？“珍摄”一词，平时只用于当事人自身的健康，从来没有这样奇怪的用法。“我珍摄你的身体”尚且不可，何况对于落花呢？

要防止措辞不妥，写作者必须彻底明了所用的词的意义。尤其是形容词，往往同一种性质之中，包括许多不同程度和不同用法的词，使用时稍有出入，就会影响文章的效果。例如就“好看”的形容词来说，通常有美丽、美妙、华丽、壮丽、清丽等，这些词的意义和用法在“大同”里面，实在还有“小异”。我们在使用时，就不能只顾大同，而应兼顾小异，看究竟哪一个用在文章中最贴切，就决定用哪一个。

在一群“大同”的形容词中，对于每个词个别的小异，我们又如何得知呢？这就不得不在阅读的时候，经常揣摩[①]词意、用法，并且把它们与别的同类词做仔细的比较，明了其不同的使用法。原来有许多词的含义，经许多人长期使用，其含义早已比产生的初期丰富多了。越是丰富，它们与其他同类词的小异也就越多。这丰富的含义，就是所谓“语感”。我们要获得这种语感，查考字典辞书，固然无济于事，就是请教师长，师长也往往不能用三言两语

---

① 揣摩：反复思考推求。

回答清楚，全靠我们自己平时去揣摩、体会。

参考

（1）中国的字典和辞书，对于同类字的意义出入和用法比较，都没有详细明白的说明，实在是一大憾事。要补救这个缺憾，只能多读书报，自己随时揣摩。

（2）虽然如此，我们在阅读书报时，一般的字典辞书，还是不得不备的，借此获得每个词的概念。

（3）做阅读摘记的时候，如果对于陌生的新词，能摘录它用在文章中的全句，则在使用方法的揣摩上，当可获得很大的助益。

习题

（1）有一篇文章里写着“枝叶扶疏，落叶遍地”，你看有什么地方不妥？

（2）有一个学生于抗战时期拟了一段某军长战胜日寇的电文，里面说“尚望鼓其余勇，灭此丑类”。你看这有什么地方不妥？

（3）试回答下列问题：

①文章中的措辞，为什么必须求其妥帖？

②妥帖与不妥帖，如何区别？

③有没有意义完全相同的两个以上的词？试举例说明。

④“但是”与“然而”有什么区别？

⑤“范围”与“范畴”有什么区别？

⑥“打倒”与“打击”有什么区别？

十 典故成语和俗语

在文章中运用俗语，可以增强文章的力量。可是运用的时候，必须注意：（一）不用冷僻典故；（二）作者对熟语须有充分的了解；（三）须用得非常贴切。

我们在阅读书报时，常会在那些文章里发现写作者所引用的典故（如“冯妇”）、成语（如“揠苗助长”）或俗语（如“三个臭皮匠，顶个诸葛亮”）。这些典故、成语、俗语，我们现在总称为“熟语”。

一个聪明的写作者，绝不愿在文章中硬凑熟语，借以自炫才学。他们这样写，有两个原因：第一是借这些熟语，证明自己所说的意见，增强文章的力量；第二是引用熟语的少数文字来表现复杂的意义，避免唠叨的叙述的麻烦。因此我们在写作时，如果不是为了卖弄才学，而是为了增强文章的力量，避免唠叨的叙述，也不妨随时利用熟语。

不过在运用这些熟语的时候，必须注意下列三点：第一，一般人不知的冷僻典故，不宜使用，因为用了之后读者不了解，徒然浪费笔墨；第二，自己对于熟语本身所包含的意义，必须能充分明了；第三，用在文章中的熟语，必须能非常贴切地表达自己原有的意思，否则，如果稍有出入，宁可弃之不用。

五四运动时期，鲁迅与章士钊[①]开过笔战。章士钊反对白话文，举“二桃杀三士”的成语为例，说这句话如果换了白话文，就必须写成“两只桃子杀了三个读书人”的长句，岂不太噜苏[②]？章氏没想到他自己所举的理由，首先就犯了不明典故的错误，因此被鲁迅笑骂一顿，成了文坛上的一个笑话。

原来这个“士”字，一般虽作“读书人”解，但在“二桃杀三士”的典故中，指的却是孔武有力的壮士。这个故事，凡读过《东周列国志》[③]的也都知道，谁知拥护文言文的章士钊，自己竟在文言文上面栽了跟头，岂不可笑？可见我们在引用熟语时，不得不特别小心。如“冯妇”一典，如果是不明究竟的写作者，也许会把他当作女人的。

参考

（1）文章中不但可以引用熟语（典故、成语、俗语），而且可以引用前人文章中的诗句甚至精彩的文句。例如徐志摩在《我所知道的康桥》中，曾引用陆游“传呼快马迎

---

① 章士钊(1881—1973)：字行严，湖南善化(今长沙)人。中国爱国民主人士、学者、作家、教育家和政治活动家。

② 噜苏：说话唠叨，语言繁复。似“啰嗦”，多用于吴地方言。

③ 《东周列国志》：中国古代的一部历史演义小说。这部小说由浅近文言写成，主要描写了春秋战国时期五百多年的历史故事。

新月，却上新舆趁晚凉”的诗句。这一类的例子很多，不备举。

（2）“冯妇”：晋国的勇士冯妇，善打虎，后来做了善士。某次又见一虎负隅[①]，没有人能制伏它，遂又搏虎（见《孟子》）。今人说“冯妇”即此。

（3）“揠苗助长”：宋国某人，因见苗不长，就把苗拉长了些，归来对家人说：“我今天很乏力，把田里的苗拉长了。”他的儿子走到田里去看，那些苗都已死了（见《孟子》）。今人就借它喻“性急偾事[②]”。

（4）“二桃杀三士”：三士是公孙接、田开疆、古冶子，都是齐国勇士，在景公那里做事。齐相晏婴因为他们不易驾驭，就想出使他们互斗的方法，把两只桃子给他们三个人吃。三人因无法均分，结果互争而相继自杀（见《晏子春秋》）。章氏所闹的笑话，见《鲁迅全集》。

习题

（1）试引用下列各典故，各写一段文章，并说明典故的含义：

① 负隅（yú）：凭借险要的地势。多见于成语，如负隅顽抗。
② 偾（fèn）事：败事。

①矛盾　　　　②璧还

③效颦　　　　④桃源

（2）试用下列成语，各写一段文章：

①守株待兔　　②杞人忧天

③披沙拣金　　④众志成城

（3）试用下列俗语，各写一段文章：

①木匠戴枷，自作自受。

②眼睛生在额角头。

③肚痛怪灶神。

④捡到鸡毛当令箭。

十一 句的形成

通常每一句话，至少须包含一个主语和一个说明语。造句时，应斟酌采用正面句法或反面句法，虚拟句法或实说句法，并应注意含义的先后顺序。

我们用语言或文字发表胸中意思的时候，常以“句”为表达的单位，每一句话，代表着一个完整的意思。不论长句短句，都是如此。

句是用字和词组织而成的。因此每句话所表达的意思，都与字和词的含义有密切的关系。在造句的时候，我们推敲字和词的用法，是为了要准确地表达反映客观现实的、胸中的意思。

通常每一句话，至少须包含一个主语和一个说明语。主语在本质上是定型的，于全句中占着主导的地位；说明语在本质上是变动的，于全句中占着从属的地位，两者结合而成“句”，就形成了一个矛盾统一体。就句的外形来看，主语大都是名词或代名词，放在句前；说明语大都是动词，放在句后。但在无须说明主语的时候，也可以把主语略去。例如：

（一）你　　是灯塔。
（主语）（说明语）

（二）（　　）打草惊蛇。
（说明语）

（三）我　　吓了一跳，（我）忙问是谁。
（主语）（说明语）（说明语）

（四）（你）还不赶快缴械！
（说明语）

以上第一例，主语说明语齐备；第二例是熟语，通常指一般人而说，主语就略去了；第三例因为上半句已经将主语说明，所以下半句的主语也可略去；第四例是对话体，通常也可以略去代表对方的主语。

此外在造句的时候，还应该注意下列三点：

（一）一句话可以从正面说，也可以从反面说。通常反面说的语气，常比正面说的婉转。例如："这是你的过失。"若改为："这不是你的过失吗？"语气就缓和得多。所以在写作时，应该注意正反的方法。

（二）一句话可以着实地说，也可以虚拟地说。有时虚拟的说法，反较着实的说法，更易引起读者的注意。例如说："无名的英雄比有名的英雄更强。"若改为："有名的英雄，似乎还比不上无名的英雄。"文句就更生动了，所以在造句的时候，又应该注意虚实的变化。

（三）句中所包含的各个意义，应注意先后的顺序。

例如古代的《敕勒歌》[1]：“天苍苍，野茫茫，风吹草低见牛羊。”其中的天、野、风、草、牛羊的排列，都与事理先后有关，不能随便颠倒。有时文句包含的意义，虽与事理无关，却与词义的强弱有关，也应该仔细斟酌。例如说“他今天动身”，这一句话就与“今天他动身”不同。前者的含义重在“他”，后者的含义重在“今天”。

参考

（1）主语是文句的主体，说明语用于说明主体的情形。

（2）名词是指一般事物的名称，如花、草；代名词是名词的代表，如我、你、他。

（3）反面的说法和虚拟的说法，虽然比正面的说法和着实的说法婉转生动，却不宜滥用。滥用起来，就会失去应有的效果。

（4）反面的说法，有时更可以加强语调。如“这不是你的过失吗？”如果念得高声一些，就变成一种强烈的责备语了。

① 《敕勒歌》：乐府杂歌篇名，北朝民歌。

习题

（1）试就下列各文句的意义，另造一种反面的或虚拟的文句：

①他在家里很烦闷。

②王顺康是一个模范青年。

③他的心里非常悲痛。

④我想你的心是不安的。

⑤总有一天，他会成功的。

（2）试就下列各句，写成一段文章：

①他今天动身。

②今天他动身。

③也许今天会下雨。

④今天也许会下雨。

⑤也许他今天动身。

十二 『通』与『不通』（上）

自己杜造[①]的新词，常不能使别人了解接受，因此放在文章里，会使文章变得不通。

一般人批评文章，常采用“通”或“不通”的说法。可是究竟“通”是怎么一回事？“不通”又是怎么一回事？还有许多人搞不清楚。

其实“通”与“不通”，很容易定一个标准说明它：那就是别人看得懂的文章，是“通”的文章；别人看不懂的文章，是“不通”的文章。所以文章通不通的问题，实在就是读者懂不懂的问题。

也许有人觉得，文章要别人读得懂，岂不是一件极容易的事？但是不然，试看下面的例子：

（一）我在曲道中穿过了荷塘。（宋成志《春晨散曲》）

（二）行车首重纪律，即是自身的安全。（某条路口的标语）

（一）中，“曲道”是什么意思呢？是说曲折的道路

① 杜造：杜撰。

吗？那么为什么不老老实实地说“曲折的道路”，偏要把“曲折”和“道路”两个词，加以分析、综合，编造出一个令人不懂的奇词来？你说用“曲道”表示“曲折的道路”这个意思，别人不应该不懂，那么我说“白楚”，代表“明白”和“清楚”，说“心息”，代表“伤心”和“叹息”，你以为怎么样？我再说“汗马”“英美”，你知道是什么意思？你别以为我说的“汗马”是指“汗马功劳”[①]，“英美”是指“英国和美国”，我其实是在说“汗衫”和“马夹”，“英雄”和“美人”呢。像上例的“曲道”，如果没有它的上下文帮助我们理解，又何尝不可解作“曲折的谈话”？

所以像这些杜造的新词，实不易使人懂得，如果用它们造成文句，自然就变成了“不通”的文句。

至于（二），行车（大概是指行驶车辆吧）这件事，原只要注意秩序就成，怎么谈得到“纪律”呢？用了这两个过火的字，反而使人莫名其妙。

再看下面的例子：

（三）怎样你又来了？

（四）这个纸匣里面是怎么？

（五）他是什么的人？

① 汗马功劳：战功，后泛指大的功劳。汗马，将士骑马作战，马累得出汗。

像上面三个例子中，你看得懂每句的意思吗？照我的推测，如果你已知“怎样”“怎么”“什么”的意思和用法，看了这三个文句，一定会茫然无头绪的。但我现在把它改一改，你就会恍然大悟，哑然[①]失笑了：

（六）怎么你又来了？

（七）这个纸匣里面是什么？

（八）他是怎样的人？

“怎样”“怎么”之类，原是现成的词；虽然是现成，若随便乱用，别人读了，也不能懂得我们的意思。所以文句中若用错了词，那文句也会变得“不通”。

参考

（1）在遣词造句的时候，如果要“通”，最应注意下列两点：

①选用最能明白贴切地表达我们意思的词。

②竭力避免使用别人读起来易误解作别的意思的

① 哑然：形容笑声。

词。例如说："他要用功。"究竟是"他想要用功"还是"他应该用功"呢？这个"要"的意思就很容易使人误解。

（2）古书上所用的，而今日已经死去的词，也应该避去不用。例如孔子赞美关雎之"乱"[1]，洋洋盈耳[2]，这个"乱"已成废词；如果你一定要照这个用法，以"乱"代替"乐之卒章"来显示你的学识，那就大错特错了。至于不说"民主"，说"德先生"，不说"科学"，说"赛先生"，也应该避免才是。

习题

试改正下列文句中不通的地方：

①鱼儿在水中，似在庆幸永逝的生活。

②外来的种种刺激，刺痛了我的心事。

③家信是外人最大的安慰。

④外货在华倾销，杜绝我国民族工业。

---

① 乱：此处是指古代乐曲的最后一章或辞赋末尾总括全篇要旨的部分。

② 洋洋盈耳：指洪亮而优美的声音充满双耳。

⑤学校里训练我们的本能，以便将来立足于社会。

⑥他的思想，已受环境联系的影响。

⑦黑暗的社会，在野心控制之下。

⑧他因为困难的经济，所以不能入学。

⑨你什么这时来，我等你费了长的时间呢。

⑩我不以为要下雨，下起雨来，我也要动身。

十三 『通』与『不通』（中）

有些不通的文句，常由思想不通所致。所以要想文章写得通顺，作者的思想须先通顺。

文章的不通，不但发生在用词不妥的时候，也常常发生在造句不妥的时候。

照一般造句的方法来说，主语都须放在述语的前面；其中每个词，如果有描写部分，那些描写部分就应该放在被描写的词的前面。这里面的先后位置，如果随便颠倒错乱，也会变得不通。例如：

（一）我们同胞的跳笑，再无须顾虑碧眼儿有时无礼的威风了。（宋成志《猴熊孔雀》）

上例“跳笑”这一个杜造的词（参见第十二课），位置就放错了。因为放在“同胞的”后面，它就成为全句的主语。主语既是“跳笑”，试问它怎么能够“顾虑”呢？照文意推测起来，这一句话的主语，应该是“我们同胞”，“跳笑”这一个杜造的词，即使本身没有毛病，也应该放到“同胞”的前面去，作为“同胞”的描写部分才对。还有“无礼的威风”，究竟是一种怎样的威风呢？读者也无法理解。又如：

（二）他因为困难的经济，所以不能入学。

这句话粗看起来，文句的构造似乎并无错误。但如仔细一想，问题就出现了。原来“他不能入学”的原因，其实是在于“困难”（必须先有上半句的“困难”，才会有下半句的“不能”啊）。“经济”一词，不过用以说明“困难”的性质罢了。如果照原来的说法，谁都以为说的是“经济”，这就变得不通了。一定要把“经济”与“困难”倒过来说，改成“经济的困难”或者说“经济困难”，读者才知道说的是“困难”。

像这种思想上的不通，虽是成名的作家，有时也不能避免。例如：

我们崇拜伟人，当然要说只是天生。但“舜何人也？禹何人也？有为者，亦若是！”孟子便不以天生为然。今可用一句话包括，就是自小能看重自己。（吴稚晖[①]《总理的幼年时代》）

① 吴稚晖(1865—1953)：近代资产阶级思想家、政治家、教育家、书法家。

“伟人究竟是否只限于天生的呢？”我们读了上面的文章，依然是莫名其妙。作者开头说“当然要说只是天生”，接着又来一句“圣贤之言”，驳倒原来的论断。但在读者正彷徨于互相矛盾的两种见解时，写作者却因为自己无法解决这个问题，竟含糊地用“一句话包括”起来，搪塞[①]读者。试问如此矛盾的两种见解，怎么能够用“自小能看重自己”这句话包括起来？像这样含糊的说法，难道就算解决问题了吗？现在作者居然“包括”来说了，但同时写作者文章之“不通”，却也暴露于读者面前。

如上所说，文句的不通，与其说在句法的构造上，毋宁说在写作者的思想上。一个思想不精密的人，往往不懂“经济的困难”与“困难的经济”有什么分别，这就不得不乞灵于平时的思想训练了。

有些人在写作时，说到“鸦片”，就说“中国的不强，皆由于鸦片”；说到“赌博”，就说“中国的不强，皆由于赌博”。像这种到处放赖[②]的说法，实在也是一种思想上的“不通”。试问中国的“不强”的原因竟这样简单吗？果然只由于一件事吗？假使经我们这样反问，写作者自己也一定会笑起来，觉得思想上出了毛病。

---

① 搪塞：敷衍、塞责，随便应付。

② 放赖：耍无赖。

参考

（1）本课第二节所述，并不与文句的“倒装法”相矛盾。因为倒装的句法，其中的倒装部分，都必须用标点分开，并不像课文中所举的例子。

（2）要改正思想上的不通，应该多读议论文和专门研究思想方法的唯物辩证法。如果在平时肯动用脑筋，常常思考各种事物的是非和利弊，那么思想更会慢慢精密起来。

习题

改正下列各句的“不通”：

（1）我近来每晚在失眠的枕上看书。

（2）远远望去，人如鼎沸。

（3）打破可恶的社会，建造理想的环境。

（4）我抱着决心去做，以求努力成功。

十四

『通』与『不通』（下）

写作者偶然的疏忽，也可招致文章的不通。要避免这种不通，只要写作者留心检点所写的文章就成。

有许多不通的文句，都基于写作者对事理的疏忽。这种因疏忽而致的不通，古今文章中都可发现。例如：

（一）大夫不得造车马。（《礼记[①]·玉藻》）

（二）红花绿叶，芬芳扑鼻。（某中学生的文章）

如上两例，造车是对的，造马便不通；红花芬芳是对的，绿叶芬芳便不通。因此我们在写作的时候，凡是文句中有互相关联的地方，必须随时留心检点。

有时关联的字句较长，粗心的人随笔写去，漫不经心，结果也会闹出同样的笑话。例如：

---

① 《礼记》：中国古代一部重要的典章制度选集。该书由西汉礼学家戴德和他的侄子戴圣编订。戴德选编的八十五篇本叫《大戴礼记》，在后来的流传过程中若断若续，到唐代只剩下了三十九篇。戴圣选编的四十九篇本叫《小戴礼记》，即我们今天见到的《礼记》。这两部书各有侧重和取舍，各有特色。东汉末年，著名学者郑玄为《小戴礼记》作了出色的注解，后来这个本子便盛行不衰，并由解说经文的著作逐渐成为经典，到唐代被列为“九经”之一，到宋代被列入“十三经”，为士者必读之书。

（三）国外通讯，如欧洲、美国、苏联以及华侨，尤其是日本，务求尽量多刊有系统的通讯。（《申报》六十周年纪念文）

这一句的笑话，实在闹得不小。原来一般文章中，在写到“如什么、什么”时，无不是对上一语的举例。例如“各种游戏，如踢毽、拍球、跳绳等，孩子们都很喜欢”。其中“踢毽、拍球、跳绳”，就是对于“各种游戏”一语的举例。现在在“国外通讯”的后面，竟提出了许多国家，试问这许多“国家”，是不是都是“国外通讯”一语的例子呢？一个国家，怎么会变成“通讯”呢？通常凡是举例，我们若把它略去，全句读起来，仍应通顺才是。但上述这一句，我们若略去其中的举例部分，读起来就莫名其妙了。

（四）荧荧夜灯如豆，映幢幢孤影，凌乱无据。翡翠衾寒，鸳鸯瓦冷，禁得秋宵几度？么弦漫语，早丁字帘前，繁霜飞舞。袅袅余音，片时犹绕柱。

上面是胡先骕[①]所填的词。在这阕词里，说到“荧荧如豆”的夜灯，说到“翡翠衾”“鸳鸯瓦”“么弦”“丁字帘”，

① 胡先骕(1894—1968)：著名植物学家，中国植物分类学的奠基人。

还有绕“柱”的余音。如果我们按着词的节拍读起来，固然铿锵悦耳；但我们要明白，这阕词是作者在美国的时候填的，试问在美国那样的地方，会有这许多国产的古董吗？像这样的文章，当然在事理上是“通”不过的。

参考

（1）所谓“不通”，也可以说是“通不过”的意思。文章不但须在句法组织上通得过，而且须在人情事理上通得过。如果有一方面通不过，就陷入“不通”的境地中了。

（2）文章中因疏忽而致的不通，往往与写作者的学养无涉。本课所举的“不通”，就属于这一类。例如，“马”不能“造”，写作者未必不知，却因为疏于检点相关的词，才闹成笑话。

习题

试指出下列文句的不通处，加以修改：

（1）田野里许多花草，都在含苞待放。

（2）鸟儿和蜂蝶，都在唱歌，赞美春天的可爱。

（3）近十年来，大家都得不到战争和生命的保障，真是九死一生，人人自危。

（4）读小说书，可以调和学习数理的乏味。

（5）高高的山，清澈的水，成阵的蜂蝶和鸟雀，都在大自然中，活泼游戏。

（6）我们的父亲真忙碌啊：要做自己的事，又要做别人的事，要不能得罪别人，又要顾到自己的生活和利益。

（7）他慢慢地向钟楼跑去。

（8）考试对于平时用功的学生是不怕的。

（9）我是从故乡长大的。

（10）唉，阿福呀，想不到他这样短命啊！

十五 黄犬奔马

好的文章，必定具备“真切”和“精密”两个条件。两个条件如缺了一个，文章就不免有问题。

宋时，穆修和张景两人，在路上看见一匹奔驰的马踏死了一只狗，就互相比赛作文。穆修想了一想说：“马逸，有黄犬遇蹄而毙。”张景说：“有犬死奔马之下。”以后沈括和欧阳修等，也都先后研究这件事的写法。沈括说：“适有奔马践死一犬。”欧阳修说：“逸马杀犬于道。”另有一人说：“有犬卧通衢[①]，逸马蹄而死之。”但这些文句，究竟谁优谁劣，一向没有定评。[②]

其实这五种文句，就“通不通”来说，当然都是“通”的，至于“好不好”呢？那却很难说了。文句长的，未必一定不好；文句短的，未必一定就好。主语是马，未必一

---

① 通衢：四通八达的道路，宽敞平坦的道路。

② 我国古代有过好多则关于“黄犬奔马句法”的工拙论，载于沈括的《梦溪笔谈》。

一个死犬故事，就有六种句法：

（1）适有奔马践死一犬。“恰好有匹奔马踩死了一只狗。”

（2）马逸，有黄犬遇蹄而毙。“马在奔跑，有只黄狗正好碰到马蹄底下，死了。”

（3）有犬死奔马之下。“有只狗死在奔马蹄下。”

（4）有奔马毙犬于道。“有匹奔马在路上踩死了一只狗。”

（5）有犬卧通衢，逸马蹄而死之。“有只狗卧在大路上，被一匹飞奔的马踩死。”

（6）逸马杀犬于道。“飞奔的马在路上踩死了狗。”

定就好；主语是狗，未必一定不好。

文章的好坏，究竟有没有具体的标准呢？叶绍钧[①]先生说：“一篇文章里，如果具有下列两点，大概是可以称为‘好’的了，不具有呢，那便是‘不好’。这两点就是‘诚实’与‘精密’。”

“诚实”的意义就是“真切”。作者把自己心中的观感，老老实实地写出来，说一是一，说二是二，不夸张，不矜饰[②]，那就是“诚实”，就是“真切”。必须如此，才能“动人”，才会被人赞“好”。

但这并不是说，作者只许写他自己的生活。如果他能观察或调查任何方面的事物，工作得非常仔细周到，然后把它老老实实地写出来，使读者读了，一点儿没有不真切的感觉，那也不失为“诚实”。因为作者若能够如此，虽然所写的并不是他自己，但他写作时的态度，显然非常诚实。

“精密”的意义，就是“不马虎”。对于一个孤儿，只说他“茕茕孑立[③]，孤独无依”；对于一个富翁，只说他“锦衣玉食，婢仆成群”。那都说不上“精密”。写春景时，只说“山青水碧，桃红柳绿”；写秋景时，只说“丹桂飘香，

① 叶绍钧(1894—1988)：即叶圣陶，著名作家、教育家、出版家和社会活动家。

② 矜饰：矜夸修饰。

③ 茕茕（qióngqióng）孑立：孤身一人站在那里，形容孤单，无依无靠。茕茕，孤独的样子；孑，孤单。

玉露生凉”。那也说不上“精密”。因为像这一类的文句，都已被人用滥了，如果再把它们随便写下来，那就未免太马虎了。我们对于任何事物，一定要不肯马虎地写，照自己知道的，用心刻画，用心叙述，才能达到精密的境地。

参考

（1）文句是否精密，是否契合内容实况，原是一件必须自动审查的事。不过，我们知道，不“精”大抵由于用词的性质不能切境对机①，不“密”大抵由于用词的数量太多或太少。追寻病源，并不繁难②罢了。

（2）评论文章好坏的书，古书有钟嵘③的《诗品》，刘勰④的《文心雕龙》⑤，司空图⑥的《二十四诗品》等。可惜所

① 切境对机：贴切。

② 繁难：复杂困难，不容易。

③ 钟嵘（约468—518）：字仲伟，南朝梁文学批评家。其诗歌评论专著《诗品》，以五言诗为主，将两汉至梁作家122人，分成上、中、下三品进行评论，故名《诗品》。

④ 刘勰（约465—532）：字彦和，南朝梁文学理论批评家。

⑤ 《文心雕龙》：中国文学理论批评史上第一部有严密体系的文学理论专著，成书于501—502年(南朝齐和帝中兴元、二年)间。全书共10卷，50篇(原分上、下部，每部各25篇)，以儒家美学思想为基础，兼采道家思想。

⑥ 司空图（837—907）：字表圣，自号知非子，又号耐辱居士。晚唐诗人、诗论家。《二十四诗品》是一部假托司空图撰写的古代诗歌美学和诗歌理论专著，形式上由24首四言诗组成，因此又名《诗品二十四则》。

定的标准，往往失诸抽象含糊，如“雄放”“悲慨”之类，都很空洞，实在不切实用。至于近人的著作，有《文章的写作与疾病》（开明版）等。

习题

试比较下列两段文章，照课文所述的标准加以批评：

（1）初生孩子的皮肤，真是细嫩极了。两颊红通通的，仔细看去，好像薄薄的表皮下面，纵横着一丝一丝的极细的血管。这些血管里的血，似乎储藏得太多了，马上就要冲破血管，钻到皮肤外面来似的，使人不敢粗鲁地去抚摸，唯恐损伤了他。（林淑华《主妇之友》）

（2）故乡的花园里，种着细细的杨柳，有刺的玫瑰，芬芳扑鼻的桂花，还有月季、梅花、枇杷、杨梅树等。一天，我和弟弟早上五点钟起来，一同到花园中，在枇杷树上采枇杷吃。

十六 重复的文句

写作时用字造句，应力避无意的重复。但有时也不妨作有意的重复，以增强文章的力量。

这里有一段令人读了摇头的文章：

三月十二日是植树节，我同赵志芳到中山公园去，看见许多人在种树。我向赵志芳说："怎么他们前几天不种，到今天才种呢？"赵志芳说："今天是植树节，所以大家提倡种树。"

谁都知道这段文章使人摇头的原因是"赵志芳"和"植树节"说得太多。但这里还有两段文句重复的文章，读起来却完全不同了：

（一）大家焦急地在期待风。彭参谋长时时在看表，已经夜里三点了；半点钟过去了，没有风；一个钟头过去了，没有风；两个钟头过去了，还是没有风！（刘白羽[①]等集体写作《海上的遭遇》）

① 刘白羽（1916—2005）：现代作家。代表作有《风风雨雨太平洋》（长篇小说）、《红玛瑙集》（散文集）、《草原上》（短篇小说集）、《刘白羽东北通讯集》（报告文学集）等。

（二）他们喜欢通向集体农场田野的遥远的路程；喜欢草原上卡车上迎风尽着嗓子唱的歌曲；喜欢那一望无际的，在麦穗的重压下显得乏力的麦子中间的夏季收割运动；喜欢在夜的静寂中，在什么地方麦壳堆里的衷心的谈话和突然的笑声；喜欢在屋顶上的长久的不眠之夜，那时姑娘的烫热的手掌一动也不动地一小时、两小时、三小时按贴在少年的毛茸茸的手上。（法捷耶夫[①]《青年近卫军》）

可见在一连串构造相似的叠句中，用字非但不嫌重复，重复了反可以增强语调。只有在构造不同的连续句里，才应该避免重复的句式。

要避免重复的句式，可以使用下列各种方法：

（甲）用意义相同的字替代重复的字。例如：

林美英是纱厂里的劳动英雄，每个工友都敬爱她。（用“她”替代“林美英”。）

① 法捷耶夫(1901—1956)：苏联著名作家，是苏联社会主义现实主义文学的杰出代表之一。其作品的特色是把严格的现实主义的描写、深刻细腻的心理分析、浪漫主义的激情和抒情笔调有机地统一起来。代表作有《逆流》《毁灭》《最后一个乌兑格人》《黑色冶金业》《封锁时期的列宁格勒》《青年近卫军》《在自由中国》等。

（乙）用含义相同的字替代重复的字。例如：

双十节的早晨，警察来吩咐挂旗。于是各家踱出一个国民来，扯起了一块斑驳的布。（用“布”替代“国旗”。）

（丙）用“表示相同”的句法替代重复的字。例如：

动物到老年就要死亡，人也是这样。（用“也是这样”说明人到老年也要死亡。）

（丁）索性把重复的字省去不用。例如：

我国的方言很复杂，你说你的，我说我的，大家都不懂。（“你的”和“我的”下面，都省略了“方言”两字。）

（戊）变换句法，使重复的字不都在句首或句末。例如：

双十节的早晨，警察来吩咐挂“旗”。于是各家踱出一个国民来，把旗扯起。（因为第一次的“旗”字用在句末，所以第二次的“旗”字，不用在句末。）

参考

（1）用“我”“你”“他”一类的字，代替原来的个体时，须注意不致使读者误解。例如：

爸爸陪伯伯坐在大门口谈天，一会儿，他忽然大笑起来。

这句中的“他”，可以指爸爸，也可以指伯伯，很容易令人误解。

（2）用性质相同的字，代替原字，该字必须是读者熟悉的，否则如果读者不能了解，文章的效果就减损了。例如以“青蚨”代替“蝉”，以“浮屠”代替“塔”，都很不相宜。

习题

试改正下列各句（不必改的不要改）：

（1）奸商的心目中只有钱，奸商的唯一亲人也是钱。

（2）新年里，路上的乞丐特别多，有唱着小曲的乞丐，有跪地磕头的乞丐，有弄蛇的乞丐，也有顶碗的乞丐。

（3）他犯罪的原因，谁也不知，直到他自述原因，大家才明白。

（4）这一支军队，真是战无不胜，攻无不克。

（5）他的叔叔做邮差，他的侄子也做邮差。

（6）我没有什么本领，只会唱歌，是我唯一的本领。

十七 文句的繁简

文句中若放入了多余的文字，会使人读了厌烦，且足以减损文章的效果。但如为说明所必需，却又不宜随便省略。

文句中放入了多余的文字，使人读了厌烦，且足以减损文章的效果。尤其像下列所示的文句，写得实在太不高明：

（一）虽无丝竹管弦之盛，一觞一咏，亦足以畅叙幽情。（王羲之《兰亭集序》）

（二）水，吾泛以画舫之舟。（欧阳修《真州东园记》）

（一）的“丝竹”，其实就是“管弦”，现在把它们凑在一起来说，好像丝竹与管弦，变成了不同的东西。至于（二）的“画舫之舟”，也是同样的可笑，因为“画舫”的“舫”，已经有“舟”字的意思了。

在白话文中，上面所描述的情形更是有变本加厉的趋势。例如：

（三）小舟划到湖的中心来，湖中心的水是很清澈，小舟旁的小桨，不住地一桨一桨地打在湖心的水面上。

（四）他的言论极为公允，并不偏重于任何方面，或其他方面等，所以大家都说他的言论很公允的。

试问像（三）、（四）的文句，谁读了不摇头？因此在不妨碍语调的前提下，尽量减少文句中无用的闲字，这实在是一件非常要紧的工作。

进一步说，如果我们能用简单的字句，表达出丰富的意义，像孔子说的“诗三百，一言以蔽之，曰：思无邪”[①]那样的，才是写作者高明的技巧。托尔斯泰说：“有时找到一句适当的话，竟能造出一个典型人物。”艾芜在《文艺短论》里也说：“一个研究中国的外国新闻记者，说他看出中国人的力量和弱点；中国人生存和保守的秘密，全在两句中国成语上，即‘没有法子’和‘不要紧’。我们细剖起来，前一句应该是困惑无望，后一句理当为不怕艰难。因为是困惑无望，所以精神上缺少进取，物质上没有发明，只限于事事保守。同时又因不怕艰难，所以无论什么场合，什么遭遇，都能生存，且易繁殖，人口比世界上任何民族

① 语出《论语·为政》。

多。这对于老中国的写照，不是很有几分相像吗？”（见《文学手册》）像这一种以简驭繁的方法，是我们应该学习的。

但是在另一方面，如果是说明时所必需的文字，却又不能随便省略。否则因滥删文字而使文意不明，也显然是矫枉过正，不足为训的。

参考

（1）文句的繁简，要以能充分说明我们胸中的意思为度。艾芜说：“虽然有些句子，本身美丽，但与全文无关，或者只有一些关系，显然是累赘的，便应毫不留情地删去。而有些写得不到家的地方，就应增加文字上去。有人说，写作的原理不是别的，就是删除和增加，这是说得很有道理的。”

（2）在简化文句的时候，同时应注意不损害语调。否则简化后的文章，势必佶屈聱牙，又令人不堪卒读了。请参看本书第六课《推敲（下）》。

习题

（1）试就课文中所举（三）、（四），根据原文的意思，删繁就简。

（2）试就各人过去所写的文章，检查其是否有多余的文字；并将多余的文字摘出列表，以备以后写作时参考。

十八 省字法

要找出无用的闲字，须注意文句中的（一）接尾语；（二）描写语；（三）熟语；（四）同位字；（五）对称语。

文句中省略了无用的闲字，既可使文句本身简洁有力，又可使读者的心神不致浪费。因此在不损害文意的限度下，每一位写作者，都应该从事这项工作。

通常要在文句中找出无用的闲字，有五个方法：

（一）注意接尾语

“你慢慢地说来”，其中接尾语“地”字可省。

（二）注意无用的描写部分

“有一只捕鼠的猫”，其中“捕鼠的”三个字，大可省略，因为没有一个读者不知猫能捕鼠。

（三）注意熟语的含义

“他变成了‘一贫如洗’的穷人”，其中“穷”字应省略，因为“一贫如洗”已有“穷”字的意义。

（四）注意长句中的同位字

“那些人我在路上并没有遇到他们”，其中“他们”应该省略。因为“他们”与“那些人”同位，句首既已有了，句末就不必再提。

（五）注意对称句中的硬凑文字

“黑暗的夜幕，迷茫的心扉”，下半句的“扉”字，就是硬凑上去的。硬凑上去之后，就与上面的描写部分“迷茫的”不吻合，所以不能让它存在。

有些对称文句，硬凑的部分更扩大而成句，那就应该把整句删去才是。

但如“你的文章比我的好”，这句中第二个“的”万万不能省略。因为省略后，变成“文章”与“人”相比了。

参考

（1）第十七课所述“画舫之舟”，毛病也出在硬凑对称的文句上。因为那一句的上文是“池，吾俯以澄虚之阁”。

（2）对称句虽然能够加强文章的力量，但如勉强凑搭，反易弄巧成拙。因此若无法构成良好的对称句，宁可改成别种句式。

习题

试改正下列文句：

（1）和蔼可亲的菊姐，她如今病了。

（2）小贩整日地沿街口叫卖。

（3）那边来了一个魁梧奇伟的大汉。

（4）你不要因为胜利，便非常骄傲得很。

（5）日本本国的面积，约与我国四川省的面积相等。

（6）要是行在轨道上的火车出了轨，岂不闯了大祸？

（7）不论飞的鸟，走的兽，它们都要生活。

（8）爸爸发怒了，他说：“谁吵闹就打谁。”

（9）敌人往南逃，我们就往南打敌人。

（10）他在找着写字的笔。

十九 明确第一

在写作时，凡是意义不明的字或词，都应该避去不用，以免引起读者的误解。

古代的诗文里，常有意义不明的句子。例如韩愈[①]《行难篇》："先生矜语其客曰：'某，胥也；某，商也。其生，某任之；其死，某诔[②]之。'"其中四个"某"字，代表的却是三个人，要不是仔细思索，是不易领会的。

又如李后主[③]的《浪淘沙》："独自莫凭栏，无限江山。"其中的"莫"字，可以作"不要"解，也可以作"日暮"解。两种解释都可以，究竟应该照哪一种解释呢？那就要问作者的本意，然而作者早已去世了。

这样的情形，在近人的白话文里，也屡见不鲜，例如：

（一）孔雀是一只白色的鸟，它正拖着长尾巴，高

---

① 韩愈（768—824）：字退之，河南河阳（今河南孟州南）人。唐代文学家、哲学家。唐代古文运动的倡导者，宋代苏轼评价他"文起八代之衰"，明人推他为"唐宋八大家"之首，与柳宗元并称"韩柳"，有"文章巨公"和"百代文宗"之名，著有《昌黎先生集》、《外集》（十卷）等。

② 诔（lěi）：叙述死者生平，表示哀悼。

③ 李后主：即李煜（937—978），五代时南唐国主。精书法，善绘画，通音律，诗文及音律均有一定造诣，其中词的成就最高。代表作有《虞美人》《浪淘沙》《乌夜啼》等词。

贵地步着挺括的步伐，向人前走来。（宋成志《猴熊孔雀》）

（二）一阵催眠的浓香，在鼻孔中送来，又过去了。（前人《春晨散曲》）

文句是由单字组织而成的，如果所用的字意义模糊，则全句的意义势必跟着糊涂起来，不能使读者明确了解。因此我们在写作的时候，凡是意义不明确的字和词，都应该避去不用。如果无法避免，就应该加以注解。像上例中的“挺括”之类，就犯了不明确的毛病。

在一般契据[①]中，常常用到“以上”两字。这两个字因为有两种不同的解释，若当事人双方各执一词，就会因此而引起纠纷。例如说：“三丈以上。”可以说从三丈算起；也可以说从三丈一尺算起，三丈的本身并不在内。所以在写下去的时候，最好同时加上明确的注解。

总之，要使文句的意义明确，只要在写好之后，以别人的眼光试读一下自己的文句，看是否能够明确了解，若意义不明或容易引起误会，就应该加以修改。

一般青年们在写作时，还有一种“不明确”的通病，那就是在文章写不下去的时候，随便加上一些“……”，

① 契据：契约、借据、收据等的总称。

读者看了莫名其妙。这一种诈伪的方法，虽然可以达到“藏拙”的目的，却也因此阻塞了自己的进步，可以说是学习者的大忌。

参考

（1）若专求文章形式的美，故意重复使用同形的异义词，结果也常会意义不明。例如韩愈《杂说》：“世有伯乐，然后有千里马；千里马常有，而伯乐不常有。”其中有两个千里马，意义并不完全相同；因为若完全相同，前后两句话便互相矛盾了。原来第一个“千里马”是指有名有实的千里马，第二个“千里马”是指无名有实的千里马，非细心分辨不能了解。

（2）用诈伪的方法写作文章，鲁迅也曾经加以指斥。他说：“我有时候想到忠厚老实的读者或研究者，遇见这两种人的文章，他是会吃冤枉苦头的。一种是古里古怪的诗和尼采[①]式的短句，以及几年前的所谓‘未来派’的作品。这些大概是用怪字、生句子，没意思地硬连起来的，还加上好几行很长的点线。作者本来就是乱写，自己也不知道什么意思。但认真的读者却以为里面有着深意，用心地来

---

① 尼采（1844—1900）：德国哲学家、语言学家 、文化评论家、诗人、作曲家、思想家。他的写作风格独特，经常使用格言和悖论的技巧。

研究它，结果到底是莫名其妙，只好怪自己浅薄。假如你去请教作者本人吧，他一定不加解释，只是鄙夷地对你笑一笑。这一笑，也就愈见其深。”（《且介亭杂文二集·寻开心》）

习题

试修改下列各句不明确的地方：

（1）家书是外人最大的安慰。

（2）余因家居无聊，名胜者毕至。

（3）这几天生活，简直就是一天。

（4）孙中山先生起来推翻满清，要求中国振兴。

（5）近年雨水不匀，没有地方可以解决生计问题。

二十
具体第二

写作的时候，具体的事物，固然要说得明白，就是抽象的意念，也最好用具体的事物打比方。尤其是文艺作品，更应该运用这种方法。

写文章，不但要明确地表达胸中的意思，更要具体地表达胸中的意思。因为有许多意思，如果一味老老实实地叙述，往往易被读者忽略，或者因为写得不够突出，以致读者无法获得具体印象。尤其是文艺作品，写作的时候更应该注意表现的技巧，单是堆砌一些别人用滥了的辞藻，绝不会有什么效果。试看下例：

探照灯的光，就像织绒线的针一样，在远方，在伏罗希洛夫格勒的夜空里交叉着。（法捷耶夫《青年近卫军》[①]）

上例以常见的织绒线的针，比喻不常见的探照灯的光，就是一种值得学习的表现技巧。

---

① 《青年近卫军》：一部反映苏联人民在反法西斯战争时期的英雄业绩的杰出作品，具有强烈的艺术感染力，使历史的真实与艺术的真实达到了高度的统一。小说于1945年出版后，受到广大读者的热烈欢迎。

有位作家在他的自传体小说里，写他少年时代好不容易考入了中学预科、受到父母疼爱而展开幸福生活时，就具体地描述了那种“幸福”：

在母亲方面，感到这日子的来到，是在她开始熟悉上学前为我预备煎肉面包的时候，是在她到各店铺去购买我的小财产——笔盒、扑满[①]、书包、洋装新书、封面鲜艳的练习簿之类的时候。世界上再也没有比小孩那样强烈地感觉新的物件的。小孩们闻到新的气味而战栗，正像狗嗅到兔子的踪迹一样，感到的是一种疯狂，以后我们成为大人时，则称之为兴奋。

抽象的意念，读者最难领会，因此在写作的时候，应该用具体的事物来比喻：

今年春天他们毕了业，同他们的教师和团体告了别。战争，仿佛它是等着他们一般，劈面向他们打了一个照会。（法捷耶夫《青年近卫军》）

心里的感觉也很难表达。如果要引起读者的共鸣，就

① 扑满：古代人储钱的一种盛具，类似于现代人使用的储蓄罐。

必须做具体的比喻。例如：

我忘不了失学的痛苦。这种痛苦，时常在夜阑人静，一觉梦醒之后，像一条毒蛇似的，偷偷地爬上身来，咬啮我的心。（林淑华《生死恋》）

比喻的时候，比喻的事物与被比喻者的性质必须有某一点极相似，但二者在本质上又必须不同。如果二者毫无相似的地方，即使勉强拉扯过来，也会“拟于不伦”，不能使读者明了接受，例如：

太阳做完了竟日普照的事业，在万物送别他的时候，他还显出十分的壮丽。他披上红袍，光耀万丈。云霞布陈，换起与主将一色的制服，听候号令。（孙福熙《红海上的一幕》）

把太阳比喻为“主将”，显然勉强得很。虽然作者使它“披上红袍”，但它怎会对云霞发“号”施“令”呢？还有，如果以同性质的事物作比，那也不能成立。例如：

火车的汽笛，像轮船汽笛一样地叫了。

参考

（1）在修辞学上，比喻有明喻、隐喻和借喻三种。举例如下：

①我的佳偶在女子中，好像百合花在荆棘内。（《旧约·雅歌》）

②君子之交淡似水，小人之交甘若醴。（《庄子·山木篇》）

③君子之德，风也；小人之德，草也：草上之风必偃。（《孟子·滕文公上》）

④赵衰，冬日之日也；赵盾，夏日之日也。（《左传·文公七年》）

⑤缫成白雪桑重绿，割尽黄云稻正青。（王安石《木末》）

⑥岁寒，然后知松柏之后凋也。（《论语·子罕》）

以上①②两例，文句中有“好像”“似”“若”等字，是明喻。③④两例，将比喻的事物作为对被比喻者的解释，文句外形，已无“好像”等字，是隐喻。⑤⑥两例，直接将比喻的事物代入被比喻者，文句中索性不说被比喻者为何物，让读者自己去想，是借喻。借喻法最不易学，初学者不宜贸然运用。因为若被比喻者无法为读者明了，或甚至误会，那就完全失败了。

（2）巴倍里（音译）生于1894年，俄国奥德萨犹太商人的儿子，善于写短篇小说，为高尔基所推崇。

习题

试用比喻的方法，说明下列各种意念（造句）：

（1）孤独

（2）大胆

（3）黑暗

（4）痛快

（5）危急

（6）缓慢

（7）盼望

（8）厌恶

（9）热闹

（10）残忍

二十一

生动第三

把无知的静物，当作有知的动物来描写，使它们栩栩如生，当然更易使读者获得具体而强烈的感觉，这种方法，也值得我们学习。

较比喻更进一步的方法是“拟人”。“拟人”是把无知的静物，当作有知的动物来描写，甚至由作者代静物设身处地地观感一切，抒其所得而达到栩栩如生的效果。古今的诗词，极为注重这种方法，现在也很值得我们注意。例如：

（一）朱唇得酒晕生脸，翠袖卷纱红映肉。（苏轼《海棠诗》）

（二）当菜花披着黄袍，称霸于绿野时，豆花不曾屈服，依然黑白分明！（刘大白[①]《旧梦泪痕》）

这种拟人法，在散文中也屡见不鲜。例如：

水是怎样的开心啊，她将那可怜的失路的小红叶儿，推推挤挤地挤到一个漩涡里，使它滴溜溜打转儿；

---

① 刘大白（1880—1932）：浙江绍兴人，现代著名诗人，与鲁迅先生是同乡好友。作品有《旧梦》（诗集）、《旧诗新话》（诗论）、《中国文学史》、《刘大白文集》等。

那叶儿向前不得，向后不能，急得几乎哭出来。水笑嘻嘻地将手一松，它才一溜烟地逃走了。

水是这样喜欢捉弄人的，但流到坝塘边，她自己的磨难也来了。你记得吗？坝下不是有许多大石头，阻住水的去路？

水流到石边时，还是不经意地涎着脸，撒娇撒痴地要求石头放行。但石头却像没有耳朵似的，板着冷静的面孔，一点儿不理。于是水开始娇嗔起来了，拼命向石头冲突过去。冲突激烈时，浅碧的衣裳袒开了，露出雪白的胸脯；肺叶收放，呼吸极其急促，发出怒吼的声音来；缕缕银丝头发，四散飞起。（绿漪[①]《鸽儿的通信》）

拟人法在叙事文中也可运用。例如梁启超[②]的《欧游心影录》楔子：

“我们靠着取暖的两种宝贝，就是那半干不湿的木

---

① 绿漪（1897—1999）：即苏雪林。中国女作家，古典文学研究者。原名小梅，字雪林，笔名绿漪。代表作有《绿天》（散文集）、《棘心》（长篇小说）、《鸠那罗的眼睛》（话剧）、《青鸟集》（评论）、《蝉蜕集》（小说集）等。

② 梁启超（1873—1929）：字卓如，号任公，又号饮冰室主人，广东新会（今江门市新会区）人，清光绪举人。和其师康有为一起，倡导变法维新，并称“康梁”，是戊戌变法的领袖之一、中国近代维新派代表人物，曾倡导文体改良的“诗界革命”和“小说界革命”。其著作编为《饮冰室合集》。

柴和那煤气厂里蒸取过煤气的煤渣。那湿柴再煨[1]也煨不燃，吱吱地响，像背地埋怨说道：‘你要我中用，还该先下一番功夫。这样生吞活剥起来，可是不行的。’那煤渣在那里无精打采地干炙，却一阵一阵地爆出碎屑来，像是恶狠狠地说道：“我的精髓早已榨干了，你还要‘相煎太急’吗？”

大凡这种文句，都发生于写作者情感饱满、物我交融的时候，不然，这些巧妙的文句是不易写成的。我们在练习写作时，虽然不妨学习，却不宜勉强做作，免得弄巧成拙。

参考

（1）常见的童话，也都用拟人法。

（2）不但物可以拟人，人也可以拟物。如《木兰辞》：“雄兔脚扑朔，雌兔眼迷离；双兔傍地走，安能辨我是雄雌？”这就是把人拟作兔子了。

① 煨（wēi）：释义为火盆中的火，后来名词动用引申为用火加热烘干、烤熟等多种意思。

习题

（1）试用拟人法描写一朵花。

（2）试用拟人法描写一处景物。

（3）试说明下列各句的拟人法（以何物拟人）。

①饥来驱我去，不知竟何之？（陶潜《乞食》）

②春蚕到死丝方尽，蜡炬成灰泪始干。（李商隐《无题》）

二十二

单句与复句

在写作的时候，如果所写的单句，不能表现我们的全部意念，就可以写成并行复句、包孕复句或主从复句来表现它。

在文章中，有些是句句独立的，这一句和那一句并无关涉，每句可以读断，自成一个起讫[①]。像这样的文句，都是单句。例如：

（一）1919年，中国发生了五四运动。1921年，中国共产党成立。孙中山在绝望里，遇到了十月革命和中国共产党。（毛泽东《论人民民主专政》[②]）

上例共三句，句句独立，每句与前后的文句，在形式上并没有分割不开的关系，所以都是单句。但在一般的文章里，我们又常会读到构造比单句复杂的文句。例如：

---

① 起讫（qì）：起止。

② 《论人民民主专政》：1949年6月30日，毛泽东为纪念中国共产党成立二十八周年而写的一篇论文。文章根据马克思主义学说，结合中国实际，论述了即将成立的中华人民共和国的国家性质，各阶级在国家中的地位及其相互关系，国家对内、对外的政策等。

（二）中国人民不是倒向帝国主义一边，就是倒向社会主义一边。

（三）帝国主义的侵略打破了中国人学西方的迷梦。

（四）你们讲对了，我们正是这样。

（以上均见毛泽东《论人民民主专政》）

以上三例，构造都比较复杂：第二例句的主语有两个，都是“中国人民”，但下半句的“中国人民”为避免重复，已省略了，说明语却仍有两部分。第三例句中，说明语部分包含“中国人学西方”这句话，可见文句里面还可以包孕文句。第四例句中，下半句“我们正是这样”，粗看很像一个独立的文句，因为它既有主语，也有说明语，其实呢，却是对“你们讲对了”一句中“对”字的说明。所以第四例句看似两句，实际上只有一句，全句的主语是“你们”。

以上三例，因为它们的构造，都比单句复杂，所以叫作“复句”。其中第二例的复句，因为并列着两个文句（也可以多至两句以上），所以叫作“并行复句”。第三例虽然也包含着两个文句，但因为其中的一句（也可以在两句以上），已变成全句的一部分，所以叫作“包孕复句”[①]。第四

①“包孕复句”详见二十三章。

例的“我们正是这样”，虽然也一样有主语和说明语，但在全句中只供说明“你们”这一主语之用，它的地位简直等于一个词，只能算是一种附属品。像这样的文句，叫作“主从复句”。现在图解如下：

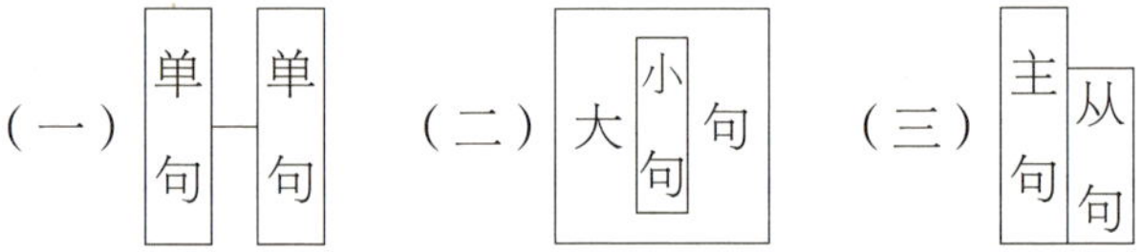

并行复句　　包孕复句　　主从复句

在写作的时候，如果我们胸中的意思，由于量的增加，无法表现于单句的形式中而必须突破单句句式时，就不妨利用上述三种句式写作复句。但如果并非为表现所必要，硬把两个以上的单句凑成复句，那就非但徒然显出作者的做作，也容易闹笑话。

参考

（1）在一般讲文法的书中，关于文句，有许多分类方法，如长句、短句、排句、叠句之类。分类既繁，记忆自然不便，而实际上，这些方法除了在研究修辞上稍有价值，简直无甚用处。本书仅就文句的构造提出单句与复句两种，加以说明，相信对读者的学习有利无弊。

（2）各种复句的形成，并不是先有某种格式，再依照格式写出来的，而是先有过去作者们因实际需要而写成那些句式，然后才归纳成某一格式的。因此我们在写作时，也不宜故意去凑合某一格式。

（3）并行复句的构造，实际上仍采取单句的形式，我们不妨把它看作从单句发展至复句的过渡形式。

习题

试区别下列各句为单句抑或复句；若是复句，请说明复句的性质：

（1）那年冬天，祖母死了，父亲的差事也交卸了，正是祸不单行的日子。

（2）唉，做人的滋味便是这样！

（3）唉，竖子不足与谋。

（4）老鼠尾巴生疮，有脓也不多。

（5）年年送客横塘路，细雨垂杨系画船。[①]

---

① 出自南宋诗人范成大的《横塘》诗，这首诗写送别朋友时的情景，表达了与朋友间的深情。

（6）灯火渐渐地缩小了，在预告石油已经不多。

（7）我悔我把握你得太迟，离别你得太速。

（8）人生是一个过程，不是一个目的。

（9）唧唧复唧唧，木兰当户织。

（10）将军百战死，壮士十年归。

二十三

包孕复句

包孕复句中包孕着意义完整的小句。这种小句，为全句中有机的一部分，与全句的关系非常密切，并不是可有可无的东西。

凡是由包孕复句构成的文句，通常都可以分成小句和大句（即全句）两部分。其中的小句，虽然表现完整的意义，但在整个文句中，这意义却只能算作一个单位。

这种表示单位意义的小句，在全句的组织中，所处的地位往往并不固定。试看下例：

（一）中国人找到马克思主义　是经过俄国人介绍的。

（作主语用的小句位置在前）

（二）帝国主义的侵略打破了　中国人学西方的迷梦。

（作说明语的一部分位置在前）

（三）这件事，中国人民的　经验是太多了。

（作说明语的一部分位置在后）

（以上均见毛泽东《论人民民主专政》）

以上三个例句中，小句的位置或在句前，或在句后，并不一定，同时每个小句所表现的意义，在全句中只能作为一个单位，虽然它脱离全句而独立，但是自身的意义是很完整的。就全句来看，这种小句，却又绝对不能省略，如果省略了它，全句的意义就不完整了。所以包孕复句中的小句，实为全句中有机的一部分，与全句的关系非常密切，并不是可有可无的东西。

再从包孕复句的含义来看：其中所包孕的小句，有时意义与大句一致，就内容言，是一种量的增加；有时意义与大句矛盾，就内容言，是一种质的冲突。如上文第一例，“中国人找到马克思主义”这个小句，就是属于前者；如上文第二例，“中国人学西方”这个小句，就是属于后者。

写作包孕复句的时候，因为它在形式上是一种较长的文句，初学者常易在构造上犯错误，应该加以注意。例如：

（四）全国上下努力生产是建设的根本要着。

上面这个例句，因为它的主语是“全国上下努力生产”，是一种行为、一件事情，不是“全国上下”的人民群众，所以文句的末后，说这是一个“要着”。如果写作时一不留心，随便写成下列的文句，那就错了。

（五）全国上下努力生产是良好的人民。

参考

（1）包孕复句因为构造比单句复杂，照文句发展的程序来说，可以说是一种比较高级的发展。

（2）包孕复句中大句与小句的意义一致，是表示一种量的发展。大句与小句的意义相冲突，是表示矛盾的统一。

习题

（1）试在读过的课文中摘落若干包孕复句，并分析其构造。

（2）试写一篇《单句和复句》的说明文，于必要时用包孕复句来表现胸中的意思。

二十四 主从复句

在构造复句的时候，应该注意把复句中的主从关系，明白地表现出来。表现的方法通常都是从句在前，主句在后。

复句所表现的意义，既然不止一个，那么在表现的时候，就应该把那些意义的相互关系明白地指示出来。通常并行复句，由两个同样重要的单句并列而成；包孕复句，小句包孕于大句之中。它们的相互关系，都很容易了解。可是在主从复句中，情形却不同。这里面哪一个意思是“主”，哪一个意思是“从”，写作者非但有指出的必要，而且有明白指出的必要。

文艺是从属于政治的，但又反转来给予伟大的影响于政治。革命文艺是整个革命事业的一部分，而且是革命事业不可缺少的一部分。（毛泽东《在延安文艺座谈会上的讲话》）

上面这一复句，试把它分析开来，可以成为：

文艺是从属于政治的，但又反转来给予伟大的影

响于政治。（从句）

革命文艺是整个革命事业的一部分，而且是革命事业不可缺少的一部分。（主句）

以上每一句中，又各包含着两个意义；如果再加分析，还可以各分成两个单句：

文艺是从属于政治的。（从句）
（文艺）反转来给予伟大的影响于政治。（主句）

革命文艺是整个革命事业的一部分。（从句）
（革命文艺）是革命事业不可缺少的一部分。（主句）

现在作者把上面四层意思，先组成“文艺”与“革命文艺”两句，每句中间，各用一个连接词，使每句的从句在前，主句在后。然后再把这两句按照位置的先后，配置成一个较长的复句，使前句为“从”，后句为“主”，结果就显出全句的中心是在说明革命文艺的重要。所以全句的构造如下：

文艺是从属于政治的，但又反转来给予伟大的影响于政治；
从　主
从（在先）

革命文艺是整个事业的一部分，而且是革命事业不可缺少的一部分。
从　主
主（在后）

如果照上面的分析，把原文分成四个单句，写在文章里面，那就不易使读者明白四句话的重心在哪里。如果把四个单句胡乱凑成一个复句，不把其中的主从关系分辨清楚，结果一定会更坏。因此我们在写作的时候，一方面固然不得不用这种句法造句，另一方面必须表明其中的主从关系。

文句从包孕复句发展至主从复句，可以说是发展到文句的最高形式了。在这种最高形式里，往往包含着两个相互矛盾的单句，而且在两个单句之中，又有主导的与从属的之分。如果全句的内容做更进一步的发展，那就不可避免地要打破原有的形式，在另一种高级的内容上形成另一种新形式了。

参考

（1）复句中包含两个以上的意思时，分辨这些意思的主从关系，是一项极重要的工作。大凡长句的毛病，常因写作者不把主从关系分辨清楚所致。例如：

> 国家谋农村经济的建设，使一般人民乐业足食，以安定社会的秩序问题。

上面这句话，包含“谋农村经济的建设”等三个意思，却没有把三个意思的主从关系清楚地区别开来。虽然作者在后面两个意思上，分别冠上“使”和“以”，我们照文句的构造来推测，前一个意思应该是“主”，后两个意思应该是“从”。但因为“一般人民”和“社会”的含义，都较“农村”为广，易使读者产生重点在于后者的错觉，结果就是难使读者获得明白的概念。

（2）分辨主从关系，通常都使用连接词。例如：

> 虽然有许多革命的知识分子在过去和现在树立起模范，但也无助于更多的知识分子应该被批判或自我批判。（臧克家《知识与知识分子》）

上文在“有许多革命的知识分子在过去和现在树立起模范”前面加了一个“虽然”，在“也无助于更多的知识分子应该被批判或自我批判”前面加了一个“但”，就把前者为从、后者为主的关系明显地区别开来。

习题

试区别下列各句中的主从关系，并指出原作者区别这种关系的方法：

（1）虽然是满月，天上却有一层淡淡的云。

（2）鸡告诉我们天地的觉醒，但所告诉的并不一定是光明。

（3）酣眠固不可少；小睡也别有风味的。

（4）绝望之为虚妄，正与希望相同。

二十五 复句的毛病

在必须用复句表现我们胸中的意思时，应注意勿犯滥用文字和文意不明的毛病。

写文章时，常不得不构造复句，因为有许多比较复杂的意思，都必须以复句的形式把它们表现出来。应该注意的是，复句的构造，也必须像单句一样，胸中的意思与笔下的字，必须恰好相称。如果某一种意思只要十个字就可表明，便不宜写成十个字以上的长句。而且我们以为，在写成文句以前，还应该把文意浓缩一下。例如说：

（一）从前有两个姐妹，一个叫作大美，一个叫作小美，其中大美是姐姐，小美是妹妹。

像这样的写法，当然是不行的。因为上面几句话的意思，只要照下面的写法，就可以充分表达出来：

（二）从前有姐妹两人，姐姐叫大美，妹妹叫小美。

所以在写作复句的时候，意思固须充分表达，文字也应尽量节约，绝不能把文字漫无限制地滥用。而且文句一长，又很容易犯另一种毛病，那就是文意不明。初学写作的青年，犯了这种毛病，往往不能自觉。例如：

（三）情势已很危急了！我们与其坐而待毙，牺牲奋斗，以求生存之路。

（四）他一面眼泪鼻涕，伤心地哭，想着三年来所受的委屈。

上面第三例中，既用了“与其”，下文就应该有“不如”或“毋宁[①]”，以区分其中的主从关系。第四例中，既用了“一面”，下文就应该再有一个“一面”，以表示下句与上句处于并行的地位。但写作者写到它们的下句时，已经忘记了它们的上句，因此就写成了文意不明的文句。这是一件很值得注意的事。

总之，就写作的原则来说，文句宁可造得短，不可造得长。文句短，用字少，纵有弊病，要自己把它找出来并加以修改，也比较容易；但若写成了长句，那就非但容易出毛病，修改起来也比较麻烦了。刘勰在《文心雕龙》里说：“句有可削，足见其疏；字不得减，乃知其密。”简洁

① 毋宁：不如。

紧密的文句，比冗长散漫的文句强得多。但这并不是说，我们只宜写作单句，不宜写作复句；而是说不论单句还是复句，文句都不宜随便拉长，而应尽量缩短。在某种意思无法用单句充分表达的时候，当然应该立即凭我们写作复句的能力，把复句毫无瑕疵地写出来，务必使它仍像单句一样，没有滥用文字和文意不明的毛病。

参考

（1）写作复句的能力，原是每一个写作者必须养成的。如果学习者因唯恐写作复句出毛病，而一味避免写作复句，使所写的文章全用单句组成，结果必然会戕害作者的原意。但如果只要用单句就可以明白表现的意思，故意卖弄自己的能力，组成复句去表现，那就非但不必要，简直不应该。

（2）在古文中，欧阳修的《醉翁亭记》，全文以“也”字始，以“也”字终，似乎应该是一篇全部用单句构成的文章。但其实它的里面，依然不乏复句，例如：“然而禽鸟知山林之乐，而不知人之乐；人知从太守游而乐，而不知太守之乐其乐也。”可见复句的写作能力，实在是每一个写作者必须养成的基本能力。

习题

试指出下列各句中的毛病，并加以修正：

（1）我跑到纸店中，买了数张红纸，预备做一面旗帜。

（2）那天晚上，我和弟妹们吃过了晚饭后，各搬着凳子，坐在那院子里，等着那月儿上来。

（3）光阴如箭，日月如梭，真是流水般过去，四季皆轮流。

（4）在五四运动的时候，学生对于爱国运动，闹得天花乱坠。

（5）人人都应该有优良的人格、高尚的学问才好。

（6）溪水澄清，太阳照下，鱼影到底。

（7）中学生时代，是立学科的基础。

（8）因为富有健康美的她，走路和普通人不同了。

（9）她一面吃饭，想着她妈此刻不知怎样了。

（10）早知你这样待我，我不和你结婚。

二十六

从『句』到『段』

每一段的文章，其中各句，不但要写得顺口，还不宜让出发点屡次变化。

一个在文法上毫无毛病的文句，也许放在整段的文章里，会觉得很不合适。例如，“这是他的责任”，如果是单独的一句，实在找不出什么缺点，可是放在下面的文章里，读起来就很不顺口了：

（一）我请你干的那件事，你偏不干，这是他的责任，你倒干了。

不顺口的原因，在于“责任”是不能“干”的，可是这句话也并非只能单独存在，写在整段的文章里便不行。像在下面的文章里，读起来却又很妥帖了：

（二）把孩子抚养长大，施以教育，这是他的责任，无奈他并不知道。

可见任何一个文句，当它被放在整段的文章里时，并不一定就合适。

现在我们试把第一例修改如下，看是如何：

（三）我请你干的那件事，你偏不干，这是他的事，你倒干了。

当然，在经过这样修改之后，文章已没有毛病。因为“这是他的事”，虽然含义与“这是他的责任”相同，但与全段中的上下文句已能协调了。

所以善于写作的人，常能就同一个意义写成各种不同的句式，以便在相应的情形中写成相应的文句。

在整段的文章里，还有一种原因，也可以引起阅读时的不顺口，那就是在同一段的文章里，各句的出发点变化太多。例如：

（四）星期日那一天，我带了琴和芬去游玩复兴公园。（第一句）琴的同学张巧玲在路上遇见我们，便加入了我们一伙同去。（第二句）我们看见许许多多的游人。（第三句）春风带着花香，送到我们鼻子里来。（第四句）我觉得很是畅快。（第五句）

上例第一句以“我”为出发点，第二句变为“张巧玲”，第三句再变为“我们”，第四句更变为“春风”，第五句则又从“春风”的出发点变回到“我”。像这样的写法，又怎能使读者读得顺口呢？

至于每一个文句，在整段的文章里是否合适，是否协调，只要把写成的文章诵读起来，就不难知道。而这一种诊断文章的能力，不待说，是由平时阅读文章养成的。

参考

（1）通常每一个文句，往往有两种以上的写法。例如“昨天他回来了”，可以写成“他昨天回来了”，也可以写成“他回来了，在昨天”，也可以写成“他是在昨天回来的”。要使一段文章中每句话读起来都顺口，这一种写作能力是必须养成的。

（2）在整段的文章中，如果随便变换出发点，不但读起来很不顺口，而且往往会减弱全段的中心思想。所以善于写作的人，是绝不愿轻易改变出发点的。

习题

（1）试改写课文中第四例（尽量减少出发点的变化）。

（2）试指出下列文章中有几个不同的出发点：

秋来，老柏和香橙还沉郁地绿着，别的树却都憔悴了。年近古稀的老榆，护定他青青的叶儿，似老年人想保存半生辛苦储蓄的家私，哪禁得起西风似的败子，日夕在耳畔絮聒[①]！——现在他的叶儿已去得差不多，园中减了葱茏的绿意，却也添了蔚蓝的天光。但在榆树干上的薜荔，却大为喜悦。上面没有遮蔽，可以酣饮风霜了。他脸儿醉得像枫叶般红，陶然自足，不管垂老破家的榆树，在他的头上瑟瑟悲叹。

① 絮聒：唠叨不停。

二十七

分『段』

每篇文章，应该按照内容的含义，分段书写。特别重要的文句，可以自成一段。人物的对话，也可以仿照这个办法。

古人的文章不分段，从头至尾，连着写在一起，因此阅读的时候，既不易了解文章逐段的意义，就是在写作的时候，有许多无须交代的文字，也不得不一一写出来。例如：

（一）袭人心安神定，因向紫鹃笑道："都是你闹的，还得你来治。也没见我们这位呆爷，听见风儿就是雨，往后怎么好？"（暂且按下）。（且说）因此时湘云之症已愈，天天过来瞧看。见宝玉明白了，便将他病中狂态，形容给他瞧，引得宝玉伏枕而笑。（《红楼梦》第五十七回）

像上面的文章，在旧式的章回小说[①]中，真是屡见不鲜。

① 章回小说：长篇小说的一种，是分章回叙事的白话小说，是我国古典小说的主要形式，由宋元讲史话本发展而来。分回标目，段落整齐，首尾完整，是其主要特点。

有些作者，虽然不写“暂且按下”和“且说”，却也常不免用“话分两头，“此处表过不提”等句法，借以划分文章内容的界线。但是将文章分段书写之后，这一类的说明，却已成为多余。不但如此，而且文章的层次，也可以划分明了。试看下例：

（二）白杨树实在不是平凡的树。我赞美白杨树！

那是力争上游的一种树，笔直的干，笔直的枝。它的干呢，通常是丈把高，像是加以人工似的，绝无旁枝。它的所有的丫枝呢，一律是向上，而且紧紧靠拢，像是加以人工似的，成为一束，绝无横斜侧出的。它的宽大的叶子，也片片向上，几乎没有斜生的，更不用说倒垂。它的皮，光滑而有银色的圈晕，微微泛出淡青。这是虽在北国的风雪压迫下，也保持着倔强挺立的一种树！哪怕只有碗来粗细吧，它却努力向上发展，高到丈把，二丈，参天耸立，不折不挠，对抗着西北风。

白杨不是平凡的树，它在西北极普遍，不被人重视，就跟北方农民相似。它有极强的生命力，磨折不了，压迫不到，也跟北方的农民相似。我赞美白杨树，就因为它不但象征了北方农民，尤其象征了今天我们民族解放斗争中所不可缺的朴质、坚强、力求上进的精神。

我要高声赞美白杨树！（茅盾《白杨礼赞①》）

以上第一段述作者赞美白杨树，第二段述白杨的姿态和特性，第三段述白杨所象征的北方农民与中国民族的精神，第四段是总结。层次分明，一看便知。末段虽也可以归并在第三段中，但如果独立成一段，文章的力量就更强大了。

通常分段的文章，每段至少含有一个完整的意思，或者含有前后连贯不易分割的两种以上的意思。因此我们把文章分段的时候，可以依照这样的方法。此外在分段时，还有两点应该注意：

（一）特别重要的文句，可以自成一段，借以增强其力量，如上例所示。

（二）文章中的对话，通常也可以仿照分段的办法，以引起读者的注意。

参考

（1）文章的分段，是一件极容易的事，同时为了读者

① 《白杨礼赞》是茅盾写于1941年3月的一篇著名散文。通过对白杨树的赞美，歌颂了正在坚持抗日战争的北方农民及其所代表的中华民族的质朴、坚强、力求上进的精神。

易于理解，又是一件极必要的事，因此每一个写作者，都应该有将自己的文章分段的能力。万一尚未获得这种能力，不妨请师长指导。

（2）如果写作者在写文章之前，先列大纲，再按照大纲所列逐段写下去的时候，分段的工作就更无问题了。

（3）分段的文章，每段的开始，应该空两个字。

习题

试将下列文章分段：

出门向东，不上半里，走过一道石桥，便是我的先生的家了。从一扇黑油的竹门进去，第三间是书房。中间挂着一块匾道：三味书屋；匾下面是一幅画，画着一只很肥大的梅花鹿，伏在古树下。没有孔子牌位，我们便对那匾行礼。第一次算是拜孔子，第二次算是拜先生。第二次行礼时，先生便和蔼地在一旁答礼。他是一个高而瘦的老人，须发都花白了，还戴着大眼镜。我对他很恭敬，因为我早听到，他是本城中极方正、质朴、博学的人。不知从哪里听来的，东方朔[①]也很渊博，他认识一种虫，名曰“怪哉[②]”，冤气所化，用酒一浇，就消释了。我很想详细地知道这故事，但阿长是不知道的，因为她学业不渊博。现在得到机会了，可以问先生。“先生，‘怪哉’这虫，是怎么一回事？……”我上了生书，将要退下来的时候，赶忙问。“不知道！”他似乎很不高兴，脸上还有怒色了。

① 东方朔（前154—前93）：西汉著名辞赋家，幽默风趣且才华横溢，在政治方面也颇具天赋。他曾以辞赋谏武帝戒奢侈，陈“农战强国”之计，但当时的皇帝始终把他当俳优看待，不以重用。

② 怪哉：这一传说见《太平广记·昆虫一》卷四七三引《东方朔传》。据说汉武帝在路上遇见这种虫，不认识它，就问东方朔。东方朔说，这种虫是秦朝冤死在牢狱里的老百姓的化身，是忧愁化成的，放在酒里就会溶解。这种说法是不科学的。

二十八
『段』的内容

完整的“段”，一定包含着统一的中心意义。构段的时候，应注意中心意义只宜有一个，文句宜有组织，无关中心意义的文句不宜羼[①]入。

正像每一个文句由多数单语组成一样，通常，每一段文章是由多数的文句组成的。我们说“由多数文句组成”，应该注意其中的“组”字。“组”是“组织”，即这些成段的文句，都必须有机地组织。如果是乌合之众[②]，随便凑在一起，那就谈不到什么组织，也不能成为完整的“段”了。

有组织的文句，各句之间，意义都有关联；而且在由这些意义关联的文句中，还可以抽出其中心意义，代表全段的文意。有时组成“段”的文句很多，但仔细归纳起来，仍不难发现里面的中心意义，其他附属的文句的作用，是对这个中心意义加以说明、强调或扩充。所以每一“段”的含义都应该统一，因为它是由文句从量的

① 羼（chàn）入：掺入。语出清代钱大昕《十驾斋养新录·十二诸侯年表》：“《史记》诸年表，皆不记干支，注干支出于徐广……此表每十年辄书甲戌、甲申、甲午、甲辰、甲寅、甲子字，不特非史公正文，并非徐氏之例，其为后人羼入，凿凿可据。”

② 乌合之众：像暂时聚合的一群乌鸦。比喻临时杂凑、毫无组织纪律的一群人。

发展而成的一种形式。试看下例：

月光如流水一般，静静地泻在这一片叶子和花上（说明）。薄薄的青雾，浮起在荷塘里。叶子和花，仿佛在牛乳中洗过一样，又像笼着轻纱的梦（强调）。虽然是满月，天上却有一层淡淡的云，所以不能朗照。但我以为，这恰是到了好处——酣眠固不可少，小睡也别有风味的（说明）。月光是隔了树照过来的，高处丛生的灌木，落下参差的、斑驳的黑影，峭楞楞如鬼一般；弯弯的杨柳的稀疏的倩影，却又像是画在荷叶上（扩充）。塘中的月色并不均匀，但光与影有着和谐的旋律，如梵婀玲[①]上奏着的名曲（强调）。（朱自清《荷塘月色》[②]）

上面这段文章，它的中心意义是在说“月光朦胧地照着荷塘里的荷叶和荷花”。粗心的人，也许会觉得这段文章里有不少文句，似与这个中心意义无关，其实每一句都在说明这一点。例如“薄薄的青雾”，好似与“月”无关，而是由朦胧的“月光”造成的；至于“酣眠”“小睡”，

① 梵婀（ē）玲：英语“violin”的音译，即小提琴。

② 《荷塘月色》是现代著名学者、散文家朱自清任教清华大学时所写的一篇现代抒情散文，因被收入中学语文教材而广为人知。

也当然并非在研究摄生[①]之道，而是借此说明月光并不强烈的好处。至于从“光”说到“影”，当然是对中心意义的扩充（因为“朦胧”与“影子”有着密切的关系）。同时作者对这两者又都予以强调。

当然，一般文章未必都这样写，可是从这个例子里，我们已不难了解文章成“段”的方法。

每段文章含义要统一，不能随便破坏，一旦破坏，即使文章不出毛病，也必定大大地减分。要保持每段文章含义的统一，须注意下列各点：

（一）不要把许多意义重要的文句，放在同一个“段”里。

（二）与中心意义有关的附属句，应该有组织地写在一起。

（三）与中心意义相反的文句，在必要时可以写在同一段里，但必须注意“段”的矛盾的“统一”，不能破坏。

（四）与中心意义没有关系的文句，不要勉强羼入。

（五）写作时应始终记住这一段的中心意义，切不可游离于原来的要点而让它做盲目的发展。

① 摄生：保养身体。摄：吸取、摄取。

参考

（1）旧小说中，因为不讲究写作的技术，写作者往往只知道老老实实地从头至尾铺陈事实。又因为文章不会分段，所以也不懂每段文章应该根据它的中心意义去写，结果把许多与中心意义无关的字句，也一五一十地写出来了。这在今日看来，可以说是一种“败笔”。例如刘鹗[①]《老残游记》[②]第二回述黑妞继王小玉之后说的一段书，作者接着写道：“这时不过五点钟光景，众人以为天时尚早，王小玉一定还要唱一段，不知只是她妹子出来，敷衍几句，就收场了。当时一哄而散。”这些文章是全部可以删去的。

（2）有时为了要结束一件所述的事情，也许不得不写上几句无关紧要的话。虽然如此，也应该用最经济的文笔，如“当时一哄而散”之类。

---

① 刘鹗（è）（1857—1909）：清末小说家。原名孟鹏，后更名鹗，字铁云，又字公约，号老残。

② 《老残游记》是刘鹗的代表作，也是“晚清四大谴责小说”之一。小说以一位走方郎中老残的游历为主线，对社会矛盾开掘很深，尤其是他在书中敢于直斥清官（清官中的酷吏）误国，清官害民，独具慧眼地指出清官的昏庸常常比贪官更甚。

习题

（1）“段”是不是矛盾统一体？试举例加以说明。

（2）试指出下列文章的中心意义，并指出其中起说明、强调或扩充作用的文句：

①他的疥癣的活动，竟使拿破仑的全身战栗了。其活动之最高点是常在深夜里的。他的肉体在毛毡之中由自己的体温膨胀了起来，他的癣菌分裂，他的指爪便因发痒而活动起来。于是愈见活动的却是癣菌。拿破仑的指爪听从其强烈的意志挟着暴力与之抵抗，然而癣菌是没有意志的。拿破仑的指爪愈有强烈的征服态，癣菌的战斗力呈着紫色，愈见加强起来。把全世界震撼了的拿破仑的一个意志，举其全力，和一片纸样的疥癣格斗，然而最后打得五体投地不能不屈服的，却是拿破仑。他把肚子抵在高价的卧床的雕刻上，像负了重伤的狮子一样匍匐着，浅出奇怪的哄笑。（横光利一《拿破仑与疥癣》）

②夜间行军，向导是很大的问题。我们都是外来的军队，地方的道路一些也弄不清楚。我们行动，完全靠地方原住人民的引导；没有向导，军队就成了瞎子，一步也不敢移动。向导人选也很困难，农民纵然

肯做向导，但是他们一生足不出乡里，离开他们家乡二三十里，他们就往往弄不清楚了。我们一夜要走一百里左右，沿途往往非换三四次向导不可。黑夜找向导，在急行军中，很难有从容的礼貌，事实上演成“夜捉人”的现象。最好的向导是乡村中小商人及江湖术士，但是太不容易了。所以行军中最要紧的是紧跟前面的向导，后来便一个紧跟着一个。偶然不小心，中间拉长了距离，只要岔路口一转弯，后队立刻找不到前队了。（范长江[①]《淮北浍河突过记》）

① 范长江（1909—1970）：我国杰出的新闻记者、社会活动家。他写过大量出色的新闻报道，负责过新闻机构的领导工作，为全国的新闻事业做出了很大贡献。代表作有《中国的西北角》《塞上行》等。

二十九

曲折第四

“段”的内容必须在统一的前提下，应该随时用曲折的文意，增强文章的力量。

在一段文章里面，我们于内容必须统一的条件下，不妨使文意随时做曲折的发展，让全段的中心意义有更充分的发挥。清代袁枚[①]《随园诗话》[②]中有一句“文似看山不喜平”，意思是写文章好比观赏山峰，喜欢奇势迭出，最忌平坦。原来平直的叙述，虽然坦坦荡荡，极易为读者理解，可是它的缺点，也就发生在“平直”的上面了：第一是这样的叙述，读者读了上文，就不难推想到下文，令人乏味；第二是既然平铺直叙，当然不会有什么波澜，没有波澜；就无法将全段的中心意义充分发挥出来。因此叙述的时候，我们还应该随时运用曲折的笔法。例如：

> 1936年夏天，我在青岛住了一个星期。青岛的市政，柏油的马路，巍峨的建筑，蓊郁[③]的树木，自然值

① 袁枚(1716—1798)：字子才，号简斋，晚年自号仓山居士、随园主人、随园老人。清代诗人、散文家、文学批评家和美食家。主要著作有《小仓山房文集》《随园诗话》《随园诗话补遗》《子不语》等。

② 《随园诗话》：清代影响最大的论诗之作，共有二十六卷。

③ 蓊（wěng）郁：形容草木茂盛。

得称赞，但是，我并不怎样地注意。我每天的生活总是到海边去散步，拾蚌壳，或者默坐，遥对着海景。海风拂拂地吹到我的脸上，虽然带着一点腥气与咸味，然而阻止不了我对于海的倾慕，对于海的陶醉。（蹇先艾[①]《青岛海景》）

上文的中心意义，是要说明“青岛海景”，可是作者在这个条件下，文意却曲折了两次：第一次是说了“我在青岛住了一个星期”之后，本来可以直接描述“每天的生活”，却偏偏先说了一些“青岛的市政”之类；第二次是说到“海风”时，作者的原意本来要说“引起了我对于海的倾慕和陶醉”，却又先说了海风的缺点，以致下文的“引起”，也不得不改为“阻止不了”。前一次的曲折，衬托出青岛的海景值得如何“注意”，后一次的曲折，强调了青岛的海景如何使人“倾慕”和“陶醉”。所以这两次的“曲折”，不但显出作者文笔的回旋变换，引人入胜，更充分发挥了全文的中心意义。

古人写文章，也常爱用曲折的笔法（但很多只是形式上的需要，并非为了表达中心意义）。例如苏东坡的《超然台记》，开头说：“凡物皆有可观。苟有可观，皆有可乐。”

① 蹇先艾（1906—1994）：近代著名作家，代表作有《朝雾》《一位英雄》《酒家》《城下集》《离散集》等。

底下本可直接“哺糟啜醨[①]，果蔬草木，皆可以饱”，但作者却在“可乐”的下面，故意先折一笔道：“非必怪奇伟丽者也。”像这样的写法，虽也显出了文笔的顿挫，但从文意上研究起来，对于中心意义，实在没有什么发挥。因为“非必怪奇伟丽者也”的意义，早已在“凡物”一句中包括尽了，说了反令人感到啰唆。这是古文只求形式美而产生的缺点。

参考

（1）照旧式的说法，文章还有抑扬、擒纵、开合等笔法，其实这都不外是一种“曲折”。例如说海水带着腥气和咸味，古人就认为是一种“抑”，至下文引起对海的倾慕及陶醉，那就是一种“扬”了。（见课文引例《青岛海景》)。一抑一扬，在内容上是一种矛盾，在形式上成了一种曲折。

（2）曲折的文意增强文章力量的情形，可以用图解来表示：

① 哺糟啜醨（bǔzāo-chuòlí）：吃酒糟，喝薄酒，追求一醉。比喻屈志从俗，随波逐流。亦比喻文字优美，令人陶醉。

习题

（1）试用曲折的文笔，写一篇《我的家庭》。

（2）试指出下列文章中文笔曲折的地方，并加以批评：

①瑞士有“欧洲的公园”之称，起初以为有些好风景而已，到了那里，才知道无处不是好风景，而且除了好风景，似乎就没有什么别的。这大半由于天然，小半也是人工。（朱自清《瑞士》）

②我们该做的工作是千头万绪的，在今后人民政权的保护之下，我们文艺工作者不会愁“英雄无用武之地”，只会愁“地无用武之英雄”了。广大的人民大众很迫切地期待着我们的精神食粮。老解放区的朋友们在毛主席的直接领导之下，曾经创造了不少光辉的范例，但比较起广大群众的大量需要来，实在还是非常有限的。（郭沫若[1]《在全国文艺作者代表大会上的开幕词》）

① 郭沫若（1892—1978）：原名开贞，字鼎堂，号尚武。他是中国新诗的奠基人之一，中国历史剧的开创者之一，古文学家，考古学家，社会活动家，甲骨学“四堂”之一，第一届中央研究院院士。

三十
整齐第五

对称的文句，能引起读者的一种美感。但在构造这种句式时，一是不要造得太笨拙，二是不要硬凑对称句。

通常，我们在阅读文章的时候，如果读到了对称的文句，常能体会到一种美感。例如：

1940 年秋天，阚庄悲惨的日子过了快一年了。八路军到沙区一带开辟工作。一个漆黑的夜里，偶然路过阚庄。老百姓不知怎么估计队伍会走那条路，他们半夜就在漫坡里等着。有提着酒壶的，有拿着点心的，有篮子里放着包子、馒头的。两旁都是敌人的据点，队伍岔着漫坡走。老百姓探问明白了的确是八路军，便纷纷摸索着拉住那些战士的手，往战士们怀里揣包子，塞点心。（吴伯箫[①]《一坛血》）

上面这段文章，有两处加点的地方，就是对称的句式，我们读了感到一种舒适和满意。无疑的，这是一种值得我们学习的造句方法。可是在学习的时候，有两点必须注意：

① 吴伯箫（1906—1982）：原名熙成，当代著名的散文家和教育家。代表作有《羽书》《黑红点》《路安风物》等。

（一）不要造得太笨拙

古代的诗文里，常有很笨拙的对称句，读了使人发笑。如《木兰辞》：“东市买骏马，西市买鞍鞯，南市买辔头，北市买长鞭。”试问那个花木兰若仅是为了一个“坐骑”问题，竟跑遍东西南北四处市集，岂不是小题大做？而且事实上她要配购的这些东西，它们所在的市集方位是否会定得那么整齐呢？仔细一想，这四句诗实在和“家兄江南死，舍弟塞北亡”一样荒唐。

（二）不要硬凑对称句

有些作者为了要写作对称句，往往不顾文意或事实，随意硬凑成句，结果闹的笑话尤大。“池，吾俯以澄虚之阁；水，吾泛以书舫之舟。”有了“舫”字，还要再说个“舟”字，这是多凑文字的结果。“杨意不逢，抚凌云而自惜；钟期既遇，奏流水以何惭。”（王勃[①]《滕王阁序》[②]）杨得意和钟子期是两个人名，怎么可以任意略去“得”字和“子”字呢？这是少凑文字的结果。

可见在写作对称的文句时，万不能只顾形式的“美”。更应该兼顾内容的“真”。而且在整齐之中，有时更需要错综的变化，所以在文句的形式上，变化也是很要紧的。

---

① 王勃（约650—676）：字子安，唐朝文学家，出身儒学世家，与杨炯、卢照邻、骆宾王并称为“初唐四杰”。

② 《滕王阁序》：全称《秋日登洪府滕王阁饯别序》，又名《滕王阁诗序》，骈文名篇。文章除少数虚构外，通篇对偶，又几乎通篇用典，全文显得典雅而工巧。

试看下文，就是一个寓变化于整齐的实例：

> 当你成了个“老西安”时，你会感觉西安有一种感人的魔力的。当你初到西安，你会说：这就是西安吗？什么宋家花园，可怜的荒墟罢了；什么莲湖，可笑的枯池罢了。然而一旦你吃惯了牛肉和柿饼，一旦你看惯了黄尘和寒鸦，一旦你了解了黎明的清新和黑夜的凄其①，一旦你听惯了秦腔，你从不和平的人群中看出和平的微笑，于是你同关外的关系，差不多绝了缘，于是西安的魔力便把你融成一分子，你便想娶妻生子，永久地，永久地定住在西安！我便是这样地留在西安，睡在西安，爱着西安，嗅着西安，而且写着西安的！（老戈《长安居》）

参考

（1）熟语中常有对称的句法，例如“看菜吃饭，量体裁衣”“吃得苦中苦，方为人上人”“利刀割体创犹合，恶语伤人恨不消”等。古代诗词等韵文中，对称的句子更多。如“星随平野阔，月涌大江流”（杜甫诗）、“春风桃李花开日，

① 凄其：寒凉貌，凄凉貌。

秋雨梧桐叶落时”（白居易诗）等。至于对联之类，可以说是百分之百的对称句了。如“室雅何须大，花香不在多”“墙上芦苇，头重脚轻根底浅；山间竹笋，嘴尖皮厚腹中空”等。

（2）对称句的构造，古代有很严格的限制，但其实是不必要的。如课文中的例句，“牛肉”固然可与“柿饼”相对，而且这两者也不妨与“黄尘”“寒鸦”相对，就是“留在西安”与“睡在西安”，也未尝不是一种对称。

习题

（1）试指出课文所引《长安居》一段中寓错综于对称的地方。

（2）试指出下列文章中的对称句：

> 对于这些人，并不发生刺激与否的问题。刺激也是那样，不刺激也是那样，因为他们是反动派。划清反动派和革命派的界限，揭露反动派的阴谋诡计，引起革命派内部的警觉和注意，长自己的志气，灭敌人的威风，才能孤立反动派，战而胜之，或取而代之。
> （毛泽东《论人民民主专政》）

（3）写一篇文句寓变化于整齐的游记。

三十一 『段』的外形

就文章的外形来说，每段的各句之间必须能够协调。要达到协调的目的，有时常必须适当地使用连接词。

每段文章，就内容说，含义必须统一；就外形说，各句之间，读起来必须“协调”。“协”是“和谐”，“调”是“语调”。前后的文句在协调之后，读起来才会一气贯通，不致在中途发生困难。

“段”的外形协调与否，是被段的内容决定的。如果内容的含义，能够井然有序，逐步推进，则在造句的时候，自然能够前句引后句，后句跟前句，互相照顾，互相呼应着发展下去，完成“段”的外形组织。

试看下例：

这一年的清明，分外寒冷，杨柳才吐出半粒米大的新芽。天明未久，华大妈已在一座新坟前面，排出四碟菜，一碗饭，哭了一场，化过纸，呆呆地坐在地上，仿佛等候什么似的，但自己也说不出等候什么。微风起来，

吹动她的短发，确乎比去年白得多了。（鲁迅《药》[1]）

上面这段文章，其实只包含三句话：第一句说清明那一天很冷，第二句说那天的清晨华大妈在哭祭新坟，第三句说微风吹动华大妈白了的头发。这三句话为什么可以连续写在一起成为一段呢？原来从清明节说到清明那一天早上华大妈到新坟去哭祭，是很自然的事情。第一句说的虽是天气，却是“清明”那一天的天气；清明节扫墓，是谁都知道的风俗，因此接下去说华大妈哭祭新坟，读者读下去就觉得很自然。至于第三句说到微风吹动华大妈的白头发，那也很自然，因为华大妈当时是在旷野里，她的头发被风吹动是势所必然的。

但单是注意文句的内容，有时在“协调”的操作上，仍免不了要失败。我们在写作时，还得同时注意文句中的连接词。试看下例：

西关外靠着城根的地面，本是一块官地，中间歪歪斜斜一条细路，是贪走便道的人，用鞋底造成的，（但却）成了自然的界限。路的左边，都埋着死刑和

① 《药》：是鲁迅写于1919年4月的一篇小说，作品通过对茶馆主人华老栓夫妇为儿子小栓买人血馒头治病的故事，揭露了封建统治阶级镇压革命、愚弄人民的罪行，颂扬了革命者夏瑜英勇不屈的革命精神，含蓄地指出了辛亥革命未能贴近群众的局限性。

瘐毙[1]的人，右边是穷人的丛冢。两边都已埋到层层叠叠，宛然阔人家里祝寿时候的馒头。（鲁迅《药》）

上面的一段里，如果略去了“但却”这个连接词，读起来就觉得很突兀，不容易协调。因为鞋底造成的路，虽然是“自然的”，却未必就会变成“界限”。可见连接词的使用，实在是与文句的协调有很大的关系。

参考

（1）连接词即接续词，如“虽然”“如果”等。这种连接词的主要功用，就在于使文句与文句之间读起来能够协调。

（2）连接词不能滥用，但是一般人却常有滥用的习惯。如胡去非的《总理之学生时代》：“幼就学村塾，终日朗诵《三字经》等，索然寡味。而塾师不明教育原理，不知教授方法。”（见宋成志编《中学国文副读本》）这里面“而”这个连接词，就是不该用的。用了，全句就不该在“教授方法”的地方中止。

---

① 瘐（yǔ）毙：古代的犯人在监狱中因饥寒而死，都称为瘐毙。犯人瘐毙，官府是不用负责的。后来也泛指在监狱中病死。

习题

（1）试指出下列文章的毛病，并加以修改：

①有人说：英吉利是现代教育、商业发达的国家，我们中国想要在世界上竞长争雄，吸收他的文化，就不得不学英文来和他交通，所以今日的学校注重英文，和国人大多学习英文，并不是没有原因的。我说：不是这么讲，“取彼之长，补我之短”，方法本来很好；现在大多数的青年，对于国文，还没有窥到门径，就是平常写封普通的信，尚且不通，不思补习，即要濂然学习外国文，吸取他国文化，岂不是“舍本逐末，缘木求鱼”吗？

②自五四运动以来，国内的学子，不复像以前的终日埋头于案上呻吟咿唔，做那种读死书的工作了，这实在是学生界的好气象。的确，现在一般秉国钧[①]的人，因为专门为着个人的私利，把中国弄得民不聊生，而一般老实的国民，又没有反对的能力，学生出来从事运动，也是出于不得已。

（2）“段”的外形，也会倒过来影响它的内容，试述其故。

① 国钧：又称国柄，语出晋王羲之《遗殷浩书》：“任国钧者，引咎责躬，深自贬降以谢百姓。”

三十二 说明文的分段

在写作说明文的时候，通常可以照所说明的事物来分段。无论从大的逐段说到小的，从远的逐段说到近的，都可以。就是倒过来说也可以。

说明文是记述事物的文章。这种文章，我们在写作的时候，通常可以照所说明的事物来分段。如果事物在质量等各方面，都无段可分，那就不妨很有条理地总写成一段。试看下面的例子：

这是一张一尺多宽的小小的横幅，马孟容君画的。上方的左角，斜着一卷绿色的帘子，稀疏而长。帘子中央，着一黄色的，茶壶嘴似的钩儿——就是所谓软金钩吗？“钩弯”垂着双穗，石青色，丝缕微乱，若小曳于轻风中。纸右一圆月，淡淡的青光遍布纸上。月的纯净、柔软与和平，如一张睡美人的脸。从帘的上端向右斜伸而下，是一枝交缠的海棠花。花叶扶疏，上下错落着，共有五丛，或散或聚，都玲珑有致。叶嫩绿色，仿佛掐得出水似的，在月光中掩映着，微微有深浅之别。花正盛开，红艳欲流，黄色的雄蕊，历历的，闪闪的，衬托在丛绿之间，觉得格外娇娆了。

枝攲斜[1]而腾挪，如少女的一只臂膊。枝上歇着一对黑色的八哥，背着月光向着帘里。一只歇得高些，小小的眼儿半睁半开的，似乎在入梦之前，还有所留恋似的。那低些的一只，别过脸来对着这一只，已缩着颈儿睡了。帘下是空空的，不着一丝痕迹。

这页画，布局那样经济，色彩那样柔活，故精彩足以动人。虽是区区尺幅，而情韵之厚，足以沦肌浃髓[2]而有余。我看了这画，瞿然[3]而惊，留恋之怀，不能自已，故将所感受的印象细细写出，以志这段因缘。（朱自清《一张小小的横幅》）

上文共分三段。其中第一段是总说，第三段叙述作者对于那幅画的观感，就“画”的内容来说，都不是最重要的部分。只有中间的第二段，详细地说明了那幅画的内容，是全文的重心所在，也是我们此刻要研究的部分。

这段说明文，作者对于画的内容，说得很有条理，很有层次。先说横幅左上角的绿帘，再说右角的圆月，然后再说到左右两者之间的海棠花，末了又说到花枝上一对八哥，同时对于这些绿帘、圆月、海棠花、八哥，又分别作

---

① 攲（qī）斜：倾斜。

② 沦肌浃髓：透入肌肉和骨髓，比喻感受深刻。沦：深入。浃：透。

③ 瞿（jué）然：惊惧的样子。

明白精细的说明。如关于海棠，先是总说，接着又分述它的叶，它的花，它的花蕊，它的花枝。像这样有条理、有层次的说明，如果不是在写作之先，胸中先做过一番安排整理，是很难办到的。

说明文分段，原没有一定的规则或方法，像上面的例子，如果全文没有第一、第三两段，那么剩下来的部分，就可以照下面的样子来分段：

上方的左角，斜着一卷绿色的帘子，稀疏而长。帘子中央，着一黄色的，茶壶嘴似的钩儿——就是所谓软金钩吗？“钩弯”垂着双穗，石青色，丝缕微乱，若小曳于轻风中。（以上说帘子、帘钩等，成一段）

纸右一圆月，淡淡的青光遍布纸上。月的纯净、柔软与和平，如一张睡美人的脸。（以上说月，成一段）

从帘的上端向右斜伸而下，是一枝交缠的海棠花。花叶扶疏，上下错落着，共有五丛，或散或聚，都玲珑有致。叶嫩绿色，仿佛掐得出水似的，在月光中掩映着，微微有深浅之别。花正盛开，红艳欲流。黄色的雄蕊，历历的，闪闪的，衬托在丛绿之间，觉得格外娇娆了。枝敧斜而腾挪，如少女的一只臂膊。（以上说海棠，成一段）

枝上歇着一对黑色的八哥，背着月光向着帘里。一只歇得高些，小小的眼儿半睁半开的，似乎在入梦之前，还有所留恋似的。那低些的一只，别过脸来对着这一只，已缩着颈儿睡了。（以上说八哥，成一段）

帘下是空空的，不着一丝痕迹。（以上说那幅画的空白，成一段）

由此可见，分段的方法，与文章的内容很有关系，绝对不能不顾内容而随便写成段落。如果把段落搞坏，那就会影响内容，使读者在理解内容时发生困难。

参考

（1）给说明文分段，可以说像绘画时安排所画的事物一样，是养成写作能力的基本功。这件事看似容易，但要安排得妥当，却不容易。一般说明文的好坏，常与作者事先对事物的整理归纳工作极有关系。所以若要把事物“说明”得清清楚楚，学习者就应该注意到这种工作。

（2）整理归纳的工作完成之后，分段问题也可以很容易地解决。不然的话，东说一句，西说一句，作者简直就无法分段。

习题

（1）试就一张风景画，拟一大纲，说明写一篇说明文的分段情形。

（2）试照下列各要点，写一篇关于“牛”的说明文：

①牛的形体。

②牛的习性。

③牛的特点。

④牛与人类的关系。

三十三 叙事文的分段

叙事文的分段，通常都按照事情发展经过的先后。但每段事情的发生时间，在文章中并不一定要说明。

叙事文是叙述事情经过的文章，与说明文不同。因为说明文是静态的描述，叙事文是动态的记载。既是动态的记载，则对于事情发展经过的先后始末，当然更应注意。因此一般的叙事文，都根据时间的先后分段。例如：

最先登场的是两男两女，手里各斜张着一把纸伞，把它旋转着，各取一个皮球放在伞顶上，就像有条线牵住在那里一般，总不掉下来。

第二场的几个人，各拿着一根两尺光景的细棒。他们把细棒在空中打圈儿，纸条散开来了，成为转动的螺旋形。又把细棒围着身体打围旋，纸条就围着身体，急速地转动。他们的姿势时刻变换，纸条的姿势也跟着时刻变换，没有一条纸条碰着了地，也没有一条纸条贴着身体。忽然一齐停下来，纸条在地上，每条至少有两丈长呢！

有一场是转盆子。每人双手各拿一条长竹片，顶着一只磁盆子。只见他们的手轻轻地抖动，磁盆子不停地旋转，不知他们用的什么劲。一会儿竹片一顺地向左弯了，又一顺地向右弯了，好像荷塘里风吹的荷叶，真是好看。后来他们变换姿势，仰身弯腰，双膝跪下，甚至俯身卧在地上，同时两手总是轻轻地抖动，磁盆子总是不停地旋转。（叶绍钧《杂耍》）

上文第一段开始说“最先登场的是……”，第二段开始说“第二场的几个人”，第三段开始说“有一场是……”，就是根据时间的先后分段。但有时为求文章有变化，也有并不点明先后，只照事情经过写下去的。例如：

欢腾的声浪渐渐地平静了下来。无数双眼睛望着他，千百颗心向着他，大家就像一群小学生坐在我们敬爱的老师面前，用心听讲。

他的声调平稳，亲切。他谈家常似的劝勉我们：莫彼此嫉妒，更不能脱离工人。大家只有紧紧团结起来，发挥工人群众的力量，建设事业才会搞好，才能成功……（谢渝生《我在朱总司令的后面》）

以上各段文字，第一段述听众与朱总司令（朱德）见面时的情形，第二段述朱总司令的谈话，第三段述作者自身的观感。虽然每一段并未说明时间先后，实际上还是照着先后写的，因此层次井然，段落分明。叙事文的分段方法，就是如此。

参考

（1）叙事文中有一种倒叙法，可以说是破坏课文所述的分段法则的。因此倒叙法，不能不说是一种叙事文的“变格”。

（2）倒叙的方法，不应随便滥用，除非事情的后段必须先叙。

习题

（1）试就“结婚典礼”的经过，拟一大纲，说明写一篇叙事文的分段情形。

（2）试就下列各要点，写一篇关于“火灾”的叙事文：

①失火。

②火起。

③延烧。

④逃难，求救。

⑤救火。

⑥火熄。

三十四 议论文的分段

议论文最常用的分段方法是逐条列举。但列举的时候，最好不要让文章在形式上显得太刻板。

议论文是专讲道理的文章。这种文章，因为所讲的道理往往极抽象，又容易深入，读者自然较难理解。于是为明白起见，段落的划分就更显重要了。

一般人在写作议论文时，最常用的分段法，是逐条列举。例如蔡元培[①]的《怎样才配做现代学生》，在说了“至少要具备下列三个基本条件”之后，就列举第一个条件是狮子样的体力，第二个条件是猴子样的敏捷，第三个条件是骆驼样的精神，再逐条论述。在说第三个条件时，同时又说到现代学生肩负着三方面的责任，在说这三方面的责任时，也采用同样的方法，逐条列举说明。但是毛泽东在他的《论人民民主专政》里，其中有一部分，却独创了另一种分段的方法。那就是根据一般民族资本家和商人们对于人民政府各项施策的观感和误解，用每一句现成的谈话引起，逐段地论述人民民主专政的意义。于是“你们一面倒”成一段，“你们太刺激了”成一段，“我们要做生意”

---

① 蔡元培（1868—1940）：近代教育家、政治家。1917年任北京大学校长，革新北大，开“学术”与“自由”之风。代表作有《蔡元培自述》《中国伦理学史》等。

成一段，“不要国际援助也可以胜利”成一段，“我们需要英美政府的援助”成一段，“你们独裁”成一段，“你们不是要消灭国家权力吗”也成一段。

上述两种分段的方法，都要看写作的客观条件进行使用。今日常见的议论文，大都在表面上竭力避免逐条列举的形迹，实际上却依然根据同样的基本方法，逐段论述，所以层次也很清楚。例如：

> 我们说真理应该从客观世界里去找，但应该怎样找法呢？比方，团结就是力量，这是大家都认识的真理。但这个真理，就是从一次斗争，两次斗争，以致无数次斗争里发现出来的。因为实实在在去干某一件事情，才能深入到事情的里面去，不至于只看到表面上的情形。
>
> 这种实实在在地干，在哲学上就是实践。真理都是从实践里发现出来的。（王全福《哲学初级读本》）

由此可知，善于写作议论文的人，并不一定要死守成法。唯有不死守成法，文章才有变化，读者阅读时才不致感到千篇一律，枯燥无味。

参考

（1）近来流行的议论文，往往在形式上摆脱逐条列举的形迹。这种写法的好处，是不但避免文章的公式化，而且容易吸引读者。其例甚多，不备举。

（2）但是初学写作的青年，却不宜一开始就学习这样的写法，因为这种写法，要不是“胸有成竹”，手法熟练，是很容易陷入混乱的。照编者的意思，应该先练习几次逐条列举的写法，再求形式的变化。

习题

（1）试以《权利与义务》为题，拟一大纲，说明写这篇议论文的分段情形。

（2）试就下列各要点，写一篇名为《吃苦与享乐》的议论文：

①苦与乐的分别和关系。

②人类对于苦与乐的不同态度。

③黑暗社会中苦乐不均的现象。

④黑暗社会中对于苦乐不均现象的曲解。

⑤吃苦的真正意义。

⑥享乐的真正意义。

⑦苦乐均等的必要。

⑧结论。

三十五 抒情文的分段

抒情文的分段，宜根据所抒情感的进展来决定。但在抒写激动昏乱的情感时，那是应该另作别论的。

抒情文是抒发情感的文章。这种文章，如果要写得使读者引起共鸣，分段也很重要。因为明确的分段，可以显示所抒情感的进展。而这种情感的进展，如果非常自然而合理，读者的心灵就会不由自主地浸润在文章的内容里，进而引起共鸣。反之，如果语无伦次，矛盾颠倒，读者既无法理解于先，当然就谈不到感动了。试看下文：

惠民！你告诉我：这究竟是环境逼得我如此呢？还是果真是我的命运注定要这样呢？我的个性是那样好胜，那样骄傲，可是我现在竟过着这一种可怜的窘迫[①]的日子！自你死后，父亲时常来看我，他现在当然非常哀怜我，同情我，可惜我；但是，他现在的哀怜、同情、可惜，于我又有何补？他曾叫我回去，回到他那儿去，跟他，跟姨娘，跟弟弟们一起生活。他说我这样的生活太孤单，太寂寞，也太痛苦了！但是，我

① 窘迫：形容人的生活非常穷困，生计窘迫。亦形容人所处的环境十分为难，处境窘迫。

默默地向他摇摇头。他的好意，我是感激的，可是我却不愿领受他的好意。我在他面前不愿说出我心里的悲哀，在他面前，不愿让他看见我的眼泪。好几次我对他说："惠民总算留给我一幢屋子，可以变换些钱；虽然已经分去了不少，不过，我现在靠了这剩下来的一些钱，还能勉强敷衍过去。"

倔强的个性支持我，我能在他面前，不叹一声苦，不流一滴泪。

可是，在他走后，我的眼泪却滚出来了！

当然，我也免不了要想到童年时的快乐。那生活是多么舒服，多么阔气！我从来不知道忧愁、痛苦，也不知道生活的担子，究竟有多少重量。可是而今，看看手里在缝制着的衣服，想想要靠这些工资来应付生活时，你可以想象到我的心里，是如何痛苦啊！如果你在，你当然不会让我受这委屈，那么，你为什么要离开我呢？惠民！你知不知道我每天每晚在想着你，想着你？白天，孩子们的啼哭，孩子们的嬉笑，犹能稍稍分散我思念你的情绪，但一到夜阑人静，两个孩子都已经睡熟，我坐在灯下做活时，就免不了要深深地、苦苦地思念你了！开始，我还能把自己安静下来，可是，越是夜深，你的影子越是清晰。我仿佛听见你说：

"梅！夜深了，睡吧，你太辛苦了！"

于是，我的手指慌乱起来，我的眼睛也模糊起来了。针脚渐渐地在散乱……我只看见你的眼睛，你的鼻子，你的嘴巴……在每一个针脚上跳跃。针刺在手指上一阵痛，把我的思想，抓回到现实里。我丢去了衣服，从腋下抽出了手帕，抹去了眼眶里的泪，轻轻地对自己说：

"他已经死了，你再思念他做什么？勇敢一些，还是为活着的好好生活吧。"（林淑华[1]《生死恋》）

上文第一段，写一个女子在向亡夫诉述自己的脾气，第二段诉述她父亲去后反而下泪，第三段诉述她深夜思念亡夫，第四段诉述自悲与自慰。其间每一次感情的进展和转变，都可以说非常自然。因为非常自然，所以有感动读者的力量。

在抒写激动昏乱的情感时，如果写得井井有条，反而变成了不切实际。在这种特殊的情形中，往往是颠倒错乱的叙述，倒反能获得读者的了解。这是例外，我们需加注意。

① 林淑华：生于1919年1月1日，祖籍浙江平湖。《生死恋》写的是作者年轻时的不幸遭遇。

参考

（1）关于激动昏乱的情感，它的分段写作法，可以参看《狂人日记》（鲁迅著）等名作，这里不及引述。

（2）大致说来，虽是激动昏乱的感情，写出来的文章段落，仍应该有一贯的脉络可循，不过在文章中，必须显出情感的激动昏乱。

习题

（1）试以《投考落第记》为题，拟一大纲，说明写这篇抒情文的分段情形。

（2）试就下列各要点，写一篇《母亲的归来》的抒情文。

①母亲因舅舅病重离家。

②家中的凌乱、寂寞，小弟妹的哭闹。

③作者自己对于母亲的想念。

④设想母亲晚上若不归来时的恐怖。

⑤在大门外等候守望的焦急情绪。

⑥失望。

⑦妈妈天黑后突然归来的欢乐。

三十六 段与段的联络

文章的每段之间，在内容或外形上，都必须有所联络。内容的联络，是指文意的自然发展；外形的联络，是说运用连接词使文意衔接起来。

每一段的文章，就它的自身来说，固然应该注意内容的统一和外形的协调，就是段与段之间，在内容或外形上，也必须有所联络。不然的话，我们为什么要把某两段的文章放在一起，为什么其中的某一段必须放在前面，某一段必须放在后面，都没有理由可说了。试看下例：

蚌埠解放后第一个端午节，大街上人山人海，热闹非凡。就连淮河里的渡船，也穿梭往来，忙碌不堪。这天，我也搭乘淮河上的渡船，上街有事。船上人很多，有两位乡下老大娘正在谈话，不时咯咯地纵声笑着。我因为好奇，就注意倾听她们到底在谈些什么。

“二妹，”年纪大一点的那个说，“你看那些同志们，扛起枪来真是一个大兵，把中央（指蒋匪军）全打垮了。咳，拿起镰刀来呀，可就活像一个庄户人，干起活来赛如牛。”

我听得津津有味起来，大娘们又继续谈下去。

"二妹，你晓得吗？我的三亩多麦，就是他们帮助收的呢。那天我着急麦子不得上场，保长来了，带来一班穿黄衣裳的同志，我一看一愣，以为要出什么事了呢。你猜保长怎样说：'韦大娘，你不是有几亩麦未收吗？昨天晚上我们庄子上来了好些解放军同志，他们叫我调查哪些人家人手少，同志们准备帮助咱们收麦呢。'我听得奇怪起来，天下哪有这等事。保长接着又说：'好啦！你就把同志们带下麦田吧，用不着什么招待，连开水也是人家伙房里送来的。'我听了这话半信半疑，活了几十年还没有听到过这种事呢。军队帮老百姓收麦，开水也自己抬来。我把同志们带到地里，话没说，他们就刺啦刺啦地动起手来。我在旁看着实在不过意，想招待身上又没钱，就抽身跑到铁二哥那里，借些钱买了两包洋烟。天刚晌午，麦就割完了。同志们挑的挑，扛的扛，一下就替我把麦弄到崔二爷场上，拍拍衣裳就要走。我连忙打开手巾，拿出两包洋烟把①他们，他们一条声地说：'大娘，请你不要这样，咱们不抽。咱们是人民解放军，是老百姓的队伍，替老百姓做活是应当的，你老人家的钱不容易来，赶快把烟退回店里吧！'不管我怎样说，他们

① 把：<方言>给。

总不肯接受，我就把两包烟硬塞在他们怀里，看着他们走远了，心里才好过些。第二天早饭后，那一班同志又来替我把麦打好，囤在床头边。草也替我装得光滴滴的，就走了。临走还说：‘大娘，我们做得不利亮，你老人家原谅。’天！他们多客气。晚上我点灯上床睡时，一眼看见小麦囤上两个白纸包，二妹，你说是什么，原来就是那两包洋烟，原封没动地放在那块儿！”

不知不觉间渡船已上码头了，我这才想起自己应该上岸。（许城道《两包洋烟》）

以上五段文章，它们是怎样联络的呢？第一段是说作者在端午节那天在淮河渡船里，听见两个乡下女人在谈天。第二段就接下去说到年纪大一些的女人（韦大娘）对同伴（二妹）发言。这两段就形式而言，原是个别的两件事，前一段是说作者自己，后一段是说韦大娘，但作者却在第一段末了，放上了一句“我因为好奇，就注意倾听她们到底在谈些什么”，因此第二段接上去时，就并不突兀了。第三段在把作者听韦大娘谈话照应了一笔之后，又指出谈话的继续。在意义上不但与第二段相连接，且与第一段相连接。第四段是全文的重心所在，与第三段的关系也早已在第三段“大娘们又继续谈下去”一句中说明了。第五段是结束，仍旧回述作者自己，但同时却仍在文句中映带到她们的谈话，先之以“不知不觉间”，继之以“想起自己”，有左顾右盼，摇曳生姿之妙。统观全篇各段，都做着紧密的联络，前段贯穿着后段，一点儿没有不合理的地方。如果读者不信，只要把原来安排着的各段次序，随便倒乱一下，再加试读，就不难明白了。

可见段与段的联络，就文章的组织来说，就读者的了解来说，都是非常重要的一件事情。否则，所写的文章，不是需要大大地删节，就是需要大大地补充，那就都不是好文章。

参考

（1）本课所述，是段与段的联络，与三十一课所述一段中求各句之间的协调，所说的范围不同。

（2）但本课所述的内容，却与三十一课所述的内容颇有相通的地方。尤其是段与段之间用连接词来连接时，与一段中间前后各句用连接词协调语气相同，希望读者再把三十一课与本课对照一遍。

（3）一般日记摘记之类，是不很讲究段与段之间的联络的。可以说是一种“例外”。

习题

试就下列文章，说明各段之间联络的情形：

解放军解放金华岭下朱的故事，哄传城乡。

解放军三个战士，乘吉普车开到永康车站，只见站上空无一匪。于是开向县署，二人守车，一人至县前。

适有保安队一营（人数不足，亦有一百八十余人），正拟开步前行。解放军战士向天开一枪，大声喝道：“解放军到了！”

“保安队”如听晴天霹雳，个个浑身发抖。接着又听见解放军战士喝道：“缴枪！”于是一齐把枪放在地上，在“向后转”的口令下，齐向署内开拔。

这时第二个解放军战士已到，看守枪械。第一人又向署内接收县印，将县长及其属下投降官兵收押于署内，一面电告岭下朱大队前来验收枪械，收容俘虏，永康全县遂得解放。（樊京之《三个战士解放一个县》）

三十七

结构（上）

文章的内容和形式，都应该保持前后的统一。内容是指思想、见解、人物个性、情节等，形式是指文体、笔法、笔调等。

文章由“段”做量的发展而成“篇”。因此任何一篇文章，从开始至末了，不论是“句”或“段”，含义都须连贯。唯有如此，全文前后的思想或见解，才不致脱节，前后的人物个性或情节，才能做自然的发展。否则内容的发展和变化，就不易为读者所了解，因为它是逸出情理之外的东西。

至于文章的形式，也应该自始至终，保持统一的形式。虽然在散文中，不妨插入一段诗歌，在小说中，不妨插入几段日记或书信，但是这些插进去的东西，也只能偶一为之，而且应该以不致破坏全文的固有形式为度。明白些说，凡是插进去的另一种文体，它在全文中，只允许占有一种点缀性质的地位，不论是它的质或它的量，都不许在全文中占到过大的比重。例如朱自清的《荷塘月色》，全文约有 1500 字，其中引入了一段梁元帝[①]的《采莲赋》，不足

① 梁元帝(508—555)：即萧绎，字世诚，小字七符。记载里说他善画佛画、鹿鹤、景物写生，技巧全面，尤其善于画域外人的形貌。

100字；又引了一段《西洲曲》，字数更少，只有四句：

采莲南塘秋，莲花过人头。
低头弄莲子，莲子清如水。

如果有一篇文章，开始时做第一人称，以后忽改为第三人称，那也足以破坏结构的完整。旧式的章回小说，在叙事的中间突然插入“看官”或“话分两头”之类，其之所以不为读者所称道，因为这种笔法，足以破坏全文的一贯形式，使读者看到那种地方感到不舒服。

还有，全文的笔调，也该前后一致，开始时是讽刺的笔调，以后忽然庄重起来，固然易使读者引起不伦不类的感觉。就是开始时像论文，以后一变而像小说，也不能使读者不生反感。

总之，文章的内容和形式，都应该保持前后的统一。

参考

（1）法国莫泊桑写《野人老娘》这一短篇小说的时候，开始用第一人称写法，中间改用第三人称写法，收尾时又回到第一人称写法。这件事虽然出于一个名家的笔下，但究竟不值得我们同情和效法？而且这种写法，必须在第一人称叙述与第三人称叙述的中间，加以形式上的划分，否则混在一起，就会使读者感到莫名其妙。

（2）名家作品中，不乏韵文部分的数量超过散文的例子。其实这种文章，应该把韵文部分看作全篇的主体。

习题

试根据课文的文意，批评下列文章的结构：

（1）叟有爱子，背叟逃去，叟甚悲念之。叟少年时，亦尝如是，故作燕诗以谕之：

梁上有双燕，翩翩雄与雌。衔泥两椽间，一巢生四儿。四儿日夜长，索食声孜孜。青虫不易捕，黄口无饱期。觜爪[①]虽欲敝，心力不知疲。须臾十来往，犹恐巢中饥。

辛勤三十日，母瘦雏渐肥。喃喃教言语，一一刷毛衣。一旦羽翼成，引上庭树枝。举翅不回顾，随风四散飞。雌雄空中鸣，声尽呼不归。却入空巢里，啁啾终夜悲！

① 觜（zuǐ）爪：鸟类的嘴和爪。

燕燕尔勿悲，尔当反自思。思尔为雏日，高飞背母时。当时父母念，今日尔应知。

（2）那大虫又饥又渴，把两只爪在地上略按一按，和身往上一扑，从半空里撺将下来。武松被那一惊，酒都做冷汗出了。说时迟，那时快，武松见大虫扑来，又一闪，闪在大虫背后。那大虫背后看人最难，便把前爪搭在地下，把腰胯一掀，掀将起来。武松只一闪，闪在一旁。大虫见掀他不着，吼一声，却似半空里起了霹雳，震得那山冈也动，把这铁棒也似的虎尾，倒竖起来，只一剪。武松却又闪在一边。原来那大虫拿人，只是一扑，一掀，一剪。三般捉不着时，气性先自没了一半。那大虫又剪不着，再吼了一声，一兜兜将回来。

三十八

结构（中）

文章的主要内容，应该详细叙述，充分发挥；次要的内容，叙述却应该尽量简单，尽量扼要。

一篇文章，其中主要的内容，应该详细叙述，充分发挥。有时候为了必要，不妨反复变化，渲染烘托。因此，就内容的主要部分而论，文字不嫌繁，描写不嫌细。试看下例：

德国人的马戏团到上海来了，我们四五个同学一同去看。一片广场上张起一座大篷帐，我们买了票进去，只见正中是演戏的地方，铺着细软的泥沙，周围全是座位，一级一级高上去，可以坐四五千人。节目共有二十个，有马的操练，象的献技，海狗的顶球，狮和虎的混合表演……也说不尽这许多，现在只说人所表演的一个节目。

四五个助手抱着一根木杆来到场中。那木杆约有十米高，分量很不轻，那些助手出了一身的汗，好容易摇摇摆摆地把它竖直了。一个大力士接那木杆在手，很轻便地放到头顶上，双手移下来扶住根部，那木杆就立定在他的头顶上了。

一个演员肩上直立着另一个演员，向大力士走去。将近的时候，上面那个演员，纵身跃起，两只手捧住了木杆。随即把两条腿钩住了木杆，挺一挺身，让两只手捧上一段，两条腿也就跟着钩上一段。这样连续地活动着，非常敏捷，宛如一只活泼的猴子。那木杆绝不摆动一下，好像固定在地底下似的。一会儿，升到木杆的顶端了，顶端上横穿着短短的一根木头，两边刚好各立一只脚。那个演员轻巧地耸身一下，便立脚在横木上，挺直身躯，举起两臂，像一座古代希腊的雕像。

又是一个演员猴子般地升上去了。升到了搭得到的地位，立在上边的演员，便用双手握住他的双手，把他倒举在空中，这就很够惊人了。但是立着的演员，更把翻空的演员举得低一点儿，让自己的头顶贴着他的头顶，于是放手，两个人的四条臂膀平伸着；同时底下的大力士不再扶住木杆的根部了，也把两条臂膀平伸着，这样三个挺直的身躯全不用手帮忙，只靠着头和脚和那十米高的木杆接成一直线，最上的一个身躯，并且是颠倒的。观众看了这危险的表演，一齐发了呆，连拍手都忘记了。(叶绍钧《三个节目》)

上文除第一段外，其余三段，说的都是“主要的”内容。作者对于这一部分内容，几乎用全力来描写，达到“详细叙述，充分发挥”的地步。至于在写作的手法上，作者也已尽“反复变化，渲染烘托”的能事，对于木杆之重，大力士力量之大，其余两个演员表演之精，以及全部节目之险，都写得非常细腻动人，的确是一篇好文章。

反之，内容的次要部分，叙述却应该尽量简单，尽量扼要，以说明或介绍主要内容为度，不宜浪费笔墨。像上面这篇文章的第一段，就是最好的实例。唐韩愈作《送孟东野序》[①]，全文六百三十字，说到孟郊的主要内容却不到一百个字，那就犯了内容与叙述的繁简不能相称的毛病，在结构上可谓完全失败。

参考

孟郊，字东野，唐武康人。韩文见《韩昌黎集》。

① 《送孟东野序》：唐代文学家韩愈为孟郊去江南就任溧阳县尉而作的一篇赠序。全文主要针对孟郊“善鸣”而终生困顿的遭遇进行论述，作者表面上说这是由天意决定的，实则是一种委婉其辞的含蓄表达，是指斥当时的社会和统治者不重视人才，而不是在宣扬迷信。文章屡用排比句式，抑扬顿挫，波澜层叠，气势奔放；而立论卓尔不凡，寓意深刻，是议论文中的佳制。

习题

试根据课文的文意，批评下列文章的结构。

暑假中居校之乐趣

袁桂瀛

苦从何处来？由心悸来，由失败来，由贪恋来，由迷信来，由恶社会恶风俗来。

以上所说，俱是教人精神上痛苦的吧。我呢，我却是懂得真理的，没有心悸来苦我——理真心自不悸；我是兢兢业业向抱定唯一目的行去，没有失败来苦我；我从来是高傲的，没有贪恋来苦我；我平常也懂得点儿哲学和科学，没有迷信来苦我。然则不苦吧？乐吧？苦的。苦什么？只有恶社会恶风俗苦坏了我。

我在这炎炎的暑假中，竟不回家，留居在校中了，不会和恶社会恶风俗接触。为什么呢？诸位自己去参详吧！

在这“寂无人处”的学校里，精神上和肉体上充满了无限的乐趣！好比一株“生命之树”，却有和风甘雨来发育它，没有狂风暴雨来摧折它啊！

早晨的时候，红霞衬着青天，远树镶着红霞，照在荷池里，清鲜可爱的风景，透过我的心田，就生了心田上“幽雅之花”。现在这花还是生长着，所以还有这暑假中幽雅的乐趣！

我痴痴地看着它，却成了几首小诗。

绿水池中之荷花，
尽是君等昔日栽。
于今株株荷花开，
望君相赏君不来。
荷花白，
荷花绿，
君竟不来意何属？

荷花姐姐！
你可能行路？
行到伊[1]们身边去。
你可能高飞？
飞向天涯处，
和伊们小住。

其余这类的诗，还多呢！我不过惧伊们受恶社会

① 伊：五四运动前的文学作品中用“伊”指女性，后来改用“她”。

恶风俗的苦，没有这里的乐趣！理想上却要寄点乐趣给他们享受啊！

早晨过了，我坐在“几净窗明”的地方读书，一缕一缕的光线射过来，“虚室生白”的风味，我也享受了。真是“心地光明”“无人非”“无鬼责”啊！享受世上人享受不到的乐趣！

我从来很喜欢研究农学，所以每天在读书过后，就到校旁旷园里面工作三小时，也才晓得稼穑[①]的艰难。所得报酬也不少，“种瓜得瓜，种豆得豆”，又是暑假期内的一段乐趣。

记得去年暑假在家里，有一位品行极佳的同学，但是，他有一位朋友极好赌，每次和他去玩，和他说打牌的乐趣怎样，社交的应付怎样。诸君！你看这一幅背景里产出一幅什么图画来？

不久，赌钱场上也有他的足迹了。我呢？只得以“生性太拙”“学也不会”辞了他们，但却恼了多少人。真是苦啊！

还有请茶请酒，我却终日地应付，更加以和这班俗人一起，又是何等苦痛呀！

今年呢？却没有这样苦的麻烦，并且在这里，有

① 稼穑（jiàsè）：即播种与收获，泛指农业劳动。

幽雅的乐趣，工作的乐趣，读书的乐趣，不像在家里一天到晚，忙来忙去，做些无谓的应酬，空自消磨了六七周的光阴啊！（见《学生文艺丛刊》）

三十九

结构（下）

每篇文章中包含着精彩的“段”和平凡的“段”。在组成文章的时候，应该把那些平凡部分和精彩部分做适当的配置。

每篇文章，如果分析起来，通常都有精彩部分，也都有平凡部分。而且精彩部分较少，平凡部分较多。这是什么缘故呢？为什么写文章的人，不能写一篇每段都很精彩的文章呢？

原来文章的精彩部分，是平凡部分在量的方面累积的结果。通常不论哪一篇文章，都必须把精彩部分和平凡部分搭配起来，才能凑成一篇好文章。如果文章精彩的部分，没有平凡的部分做基础，绝显不出它的精彩；个别的平凡部分，虽然本身并不精彩，却有逐渐造成精彩部分的潜在能力而完成一篇好文章的作用。因此整篇的文章，如果删除了必需的平凡部分，只剩下精彩部分，则精彩部分也就失去了精彩的基础，不易被读者发觉了。

文章既有精彩部分与平凡部分的分别，那么各部分的排列方法又该如何呢？假使把精彩部分放在文章的开端，读者在开始阅读的时候，固然很感到满意，但以后愈往下读，愈感失望，那就很难有使读者读至终卷的把握。假使把精彩部分放在文章的末后，也许读者一看就丢掉，结果全篇文章，像一块未经雕琢的璞玉，又不易为读者所注意。因此文章的排列方法，实在很值得我们研究。

一般作家排列文章的方法是这样的：假定全文有五段，每段从精彩到平凡为A、B、C、D、E，则排列的顺序是：

A……第一段

E……第二段

D……第三段

C……第四段

B……第五段

第一段最精彩，借以引起读者的兴趣。以下逐段自平凡进至精彩，用渐入佳境的方法，使读者愈读愈有劲，直至终卷。还有一种方法是，如果五段中有三段精彩，两段平凡，那么排列的顺序是：

A……第一段

B……第二段

A……第三段

B……第四段

A……第五段

像这样把平凡的与精彩的参差排列，像波浪似的一起一伏，也能够维持读者的阅读兴趣，直至终卷。

参考

（1）本课所述内容，在本质上并不与上一节课冲突。如果把两课的内容结合起来说，就是作者在写作的时候，最初应该照本课课文所述，先将各段做大体上的布置，然后逐段写下去，注意前后各段相互的联络。

（2）通常所谓精彩与平凡，原是一种比较的说法。这里“平凡”两字，也应该解释为“稍次于精彩”，并不是绝对要不得的意思。

（3）古代研究文章结构的学者，有所谓“起、承、转、合”的说法。至明清时，朝廷设科取士，更规定应试的文章，必须符合“八股”的范式。其实这些规定，都非常刻板，对写作者的思想束缚过甚，不值得我们一顾。

习题

试批评及修改下列各段文章，并分析各段的排列适当与否：

书本·学问·经验

我不否认我们现在所学的课本，是我们每个求学者应注重的，而且是必须具有的基本知识，但是我看见很多的青年同学，把他们所有的宝贵时间，都花费在课本上，这实在是太不应该了，同时也很值得可惜。我们知道，学问是无穷的东西，绝不限于区区几册课本，所以我们除了用功，还该努力地阅读课本以外更多的书籍，来增进自己的学识。

洛克[①]有句话："读书并不是学问的主要部分。"这就是说，人生的学问不仅限于书本。在书本之外，还有更多更重要的学问在。人生的主要学问是什么呢？假使有人这样问，那么我敢这样回答："人生的主要学问是一个人在生活的过程中，所获得的宝贵的经验。"

由是我们可明白，读书并不是学问的主要部分，那么，我们在区区几册课本中，所能获得的学问，更可说是微乎其微了。

一个没有读过书的人，往往可以很顺利地生活在现实的社会里，他不会常常碰到钉子，反而，一个满

① 洛克(1632—1704)：英国哲学家、经验主义的开创人，同时也是第一个全面阐述宪政民主思想的人，在哲学及政治领域都有重要影响。主要著作有《政府论》《人类理解论》等。

腹经纶[1]的书呆子，一走进现实的社会，就会叫苦连天，一做事便碰到钉子。这是什么道理呢？一言以蔽之曰：就是前者具有充分的生活经验，而后者则缺少生活经验的缘故。

因此一个在学校求学的青年，不应以学习几册课本来敷衍了事或自足（况且学问的教育也不只是书本课本的学习），我们更应趁此机会多多学习，好从工作中获得宝贵的经验，在工作中锻炼自己，充实自己。

青年的同学们！努力学习工作吧，努力充实自己的学问吧，尤其是在今日外患日急的祖国，更需要着我们。但是，它所需要的是富有生活的知识、工作的经验的战斗性的青年，绝不会需要那满腹经纶的不明事理的书呆子的。（录自宋成志编《中学国文副读本》）

① 满腹经纶：比喻人很有学问、本领。

四十 切题第六

文章必须切题。要使文章切题，应在写作时随时顾及题目的含义，随时检点所写的文句。

文章不切合题意，可说是一种“致命的”大缺点。但古往今来，作者们常不免因偶然的疏忽，犯下了不切题的毛病。王羲之的《兰亭集序》，原是一篇佳作，可是他在描写暮春的风景时，写下了“天朗气清，惠风和畅”两句，以后昭明太子萧统[①]编撰《文选》，因为“天朗气清”不宜用于说明春天，这篇名作就落选了。韩愈的《送孟东野序》，开头就揭出“大凡物不得其平则鸣”的主题，但是写到后来，竟写出“伊尹鸣殷，周公鸣周”的话来，恰与主题矛盾，因此清代的章学诚[②]也大不以为然。

所谓切题，是说我们写作时，应随时顾及题目的含义，随时注意题目的中心思想。这中心思想，可以从正面来发挥，也可以从反面来发挥。可是在正反两方面同时发挥而处于对立的矛盾状态的时候，必须使二者统一于同一中心

① 萧统(501—531)：字德施，小字维摩，南朝梁代文学家，南兰陵(今江苏武进西北)人，梁武帝萧衍长子。于天监元年被立为太子，然英年早逝，未及即位即于531年去世，死后谥号“昭明”，故后世又称“昭明太子”。其主持编撰的《文选》，又称《昭明文选》，是中国现存最早的一部诗文总集。

② 章学诚(1738—1801)：清代史学家、思想家。所著《文史通义》是清中叶著名的学术理论著作。

思想之下。还有，“切题”的意思，并不一定要我们死死地抱住那几个构成题目的文字。虽然古文中不乏就题立意的好文章，如苏东坡的《喜雨亭记》[①]，就“喜”字立意；柳宗元的《愚溪诗序》[②]，就“愚”字立意。但那是因为题目本身原有值得特别发挥的意义，如果不明白这一点，认为凡是题目，都该如此，一味咬文嚼字，在题目的一两个字眼上下工夫，那就无异学习写“八股文”了。

通常一篇文章，越是写到末段，因为所说的离题越远，就越容易忘记主题。特别是初学写作的青年，无不有这样的经验。其实这种弊病，虽是一个文章老手，有时也不能免。例如范仲淹[③]写《严子陵祠堂记》，写到末后，说道：“微先生不能成光武之大，微光武岂能遂先生之高哉？”这两句话粗粗一看，好像并没有什么毛病，其实前一句侧重子陵，后一句侧重光武，现在主题既就子陵说话，这两

---

① 《喜雨亭记》：1062年，是苏轼任凤翔府鉴判的第二年，他于这一年开始修建官舍，并在公堂北面建造一亭，作为休息之所。可是这年春季久旱不雨，但在亭子建成时，下了一场大雨，官吏百姓欢喜若狂。于是苏轼称这座亭子为“喜雨亭”。这篇文章就是通过叙述亭子名称的由来，来表达他与民同乐的思想感情。

② 《愚溪诗序》：本文通篇就写了一个“愚”字。全文共六段，第一段和第二段是写溪及溪附近的丘、泉、沟、池、堂、亭、岛等，被命名为愚溪、愚丘、愚泉、愚沟、愚池、愚堂、愚亭、愚岛的原因。第三段是写以愚名溪的理由。第四段是写愚的种类和性质。第五段是写愚者的乐趣。第六段是归结作《八愚诗》的缘由。

③ 范仲淹（989—1052）：字希文。北宋时期著名政治家、军事家、文学家、教育家。范仲淹苦读及第，但入仕后因秉公直言而屡遭贬斥。他文武兼备，政绩卓著，文学成就突出，倡导的“先天下之忧而忧，后天下之乐而乐”的思想和仁人志士节操，对后世影响深远。有《范文正公文集》传世。

句就不能不说是宾主倒置。怪不得清代的俞樾[①]认为不妥，主张把它改为“微光武不能遂先生之高，微先生岂能成光武之大哉”了。

要防止文笔越题，除在写作时应随时检点所写的文句外，如果是一篇较长的文章，还不妨在未写全文之前，先根据主题，拟定一个纲目，然后按照那个纲目，逐节写去。可是最要紧的，还在于作者自己的写作，须抱一种不苟且的态度，在文章写好之后，仔仔细细地做一次或数次自我检讨，自动修改。因为有许多错误和弊病，都是在草率中造成的，文章不能切题，也非例外。

参考

（1）在写命题作文的时候，认清题目的含义，是一件非常要紧的事。如果题目的含义尚未明白，遽而动笔写作，极易写成“文不对题”的文章。

（2）“寓言”是一种意在言外的文体，它的内容的主题，常与题目不相关涉。由此可见，文章的“题目”，往往只是一种形式，像商店的招牌一样。内容的主题，并不一定要表现在题目上面。所谓“切题”，主要的还是在切

① 俞樾(1821—1907)：清末著名学者、经学家、古文字学家、书法家，治学以经学为主，旁及诸子学、史学、训诂学，乃至戏曲、诗词、小说、书法等，著有《群经平议》《诸子平议》《古书疑义举例》等。

合“主题”（即全文的中心思想）。

习题

（1）试指出下列文章中不切题的地方：

毕业后的我

中学生活，眼看将要结束了，但我自己想想，这样的一个“我”，是否配称为中学生呢？而且毕业之后，我的前途又将如何呢？这两个问题，真使我烦恼。

凡是中学毕业生，不是升学，就是就业。就升学来说，中学校里所读者，原不过是一些基本知识，要想研究较高的学问，必须继续升学才是。但是许多人都不明白这一点，只想到大学里去鬼混，骗取一张文凭，以作为将来求职的保障，那正是“失之毫厘，谬以千里”了。

（2）指出第三十九课习题例文中不切题的地方。

四十一 剪裁和加工

文章的材料要从现实中去选取。取得的材料，应该再加以剪裁和合理地发展。一定要加工以后，才可以把它写入文章。

每篇文章都有一个题目，同时，还都有一段与题目相配合的材料。不待说，要想文章写得好，题目与材料这两个要素是不能忽略的。但题目不过是形式，材料却是内容，形式是被内容决定着的。虽然形式也足以影响内容，例如文章不能离题太远，如果文不对题，就算失败。可是，如果那篇文章的内容本身，确有可取的话，我们不妨把那个原有的不适合的形式——题目废去，另外冠上一个切合内容的新题目。

通常，每篇文章的材料，无论是现实的，还是虚构的，都不能违背情理。正唯如此，写作者在选取材料的时候，往往从“现实”下手。可是“现实”的材料，大都是片段的、芜杂的，写作者虽然得到了它，还得经过一番加工的手续，才能把它写成文章。高尔基在《我的创作经验》一文中，也认为从社会上观察得来的人物，不过是半成品，作者还应该进行加工制造。他说：“用自己的经验、自己的知识去琢磨他们，去替他们说尽那未说完的话，完成那未完成而按着他们的资力应该完成的行为。这儿就是虚构的地方，艺术的创作。”

例如契诃夫[1]所作的《装在套子里的人》，其中的主角别里科夫，就是根据一个真实的人物描写成的。据作者的哥哥说：“当作者幼时在故乡泰甘卢某文法学校求学的时候，校里曾有一位名叫戴可诺夫的教师，以后作者描写别里科夫的性格，就拿他来做模特。原来戴可诺夫在学校里，从来不许学生犯规，他自己也像一架机器，在那儿走路、说话、动作、出通告，而且把一切用具都戴上套子，连自己也在内。甚至在晴天，他也要撑一把雨伞。”

但是契诃夫在那篇创作中，虽然把戴可诺夫当作别里科夫的模特，却绝不是“照单全收”，而是根据那位人物的性格，再加以剪裁和发展。因为实际上的戴可诺夫，并没有和活泼自由的女子闹过恋爱，也不是受了她的嘲笑而死的。而在那篇创作中，别里科夫终是经历了恋爱的悲喜剧而死了，却使每一个读者觉得入情入理，非常自然。这就是契诃夫成功的地方，也是值得我们学习的地方。

人物的处理固应如此，对于别种材料，我们也应这样。因为写作原是一种艺术，是客观的现实通过主观操作（但

---

① 契诃夫(1860—1904)：俄国重要剧作家和短篇小说大师，以语言精练、准确见长，善于透过生活的表层进行探索，将人物隐蔽的动机揭露得淋漓尽致。他采用简洁的写作技巧，避免炫耀文学手段，被认为是19世纪末俄国现实主义文学流派的杰出代表。代表作有《变色龙》《装在套子里的人》《一个官员的死》《樱桃园》等。

不能违背客观现实的辩证的发展）的艺术。当它通过主观操作的时候，而且应该加上作者的能动性，使它的发展较客观的素材更为丰满，更为完整。剪裁和加工两项作业，就是作者发挥能动性的时候。

参考

（1）有些文章以《无题》或《题未定草》为题目，似乎那些文章真是无题可定的样子。其实，如果那些文章内容完整的话，我们不难替作者加上适当的题目。

（2）契诃夫的话，见于《契诃夫作品的来源》一文（赵景深译），课文仅述其大意。

（3）把现实的人物加以发展时，应该发展得入情入理。这是非常要紧的。否则如一味凭作者主观的幻想而加工，结果必致失败。鲁迅在《中国新文学大系》小说二集序中说："杨振声[①]要忠实于主观，要用人工来制造理想的人物。他的中篇小说《玉君》，自序道：'若有人问玉君可是真的，我的回答是没有一个小说家说实话的……小说家取的是艺术态度，要忠实于主观。一言以蔽之，小说家也如艺术家，想把天然艺术化，就是要以他的理想与意志去补天然之缺

① 杨振声（1890—1956）：字今甫，亦作金甫，笔名希声。现代著名教育家、作家。

陷。’他先决定了‘想把天然艺术化’，唯一的方法是‘说假话’，‘说假话的才是小说家’。于是依照了这定律，将玉君创造出来。然而这是一定的，不过是一个傀儡，她的降生也就是死亡。”不待说，玉君的死亡是因为不能入情入理。

习题

（1）试就平时观察到的人物，写出他性格上的特点。再就那些特点，加以合理的发展，写出在他身上可能发生的故事。

（2）试就《江南的某农村》为题，对下列各项做适当的叙述。

①农民　　②农妇

③自然环境　　④农田

⑤四季农作物　　⑥收获的情形

四十二 思想

作者没有正确前进的思想，一定写不出好文章。如果是故意歪曲的反动思想，它的文章尤足以毒害大众。

文章与写作者的思想，是分割不开的。所谓“言为心声”①，就是这个意思。只有在专门堆砌辞藻，讲究平仄声韵的旧文章里，作者的思想才被文字排挤，但在今天，像这一类没有思想的文章，早已被大家唾弃。

文章既然是表现思想的工具，那么它的好坏，当然与作者的思想有密切的关系。例如此刻有一篇文章，它所表现的思想，还是提倡迷信，重视命运，那就完全违反了这个科学的时代，绝不是好文章。如果此刻有一篇文章，它所表现的思想还是推崇专制，拥护法西斯，那就完全违反了这个新民主主义的时代，也绝不是好文章。

这样看来，我们要想文章写得好，就应该先把自己的思想搞好。时代在改变，社会在进步，我们的思想也必须跟着改变，跟着进步。尤其是在新民主主义的大革命即将完成，全国人民在政治上、经济上已经获得彻底解放的今天，我们所面临的，简直是一个飞跃的时代和

① 言为心声：出自汉扬雄《法言·问神》：“故言，心声也；书，心画也。声画形，君子小人见矣。”意为：言语是人们思想情感的反映。

突变的社会，因此我们在思想上，也该飞跃突进，才不致被时代淘汰。不然的话，我们的文章，不但绝不会好，而且更可能阻碍社会的进步，会变成反动的东西。苏联的日丹诺夫[①]说："每天，我们的人民攀得更高更高，今天的我们，就不是昨天的我们，而明天的我们，也将不是今天的样子。"

就革命的立场来说，我们的思想，不仅应该跟着时代的改变而改变，跟着社会的进步而进步，而且还应该领导大众，使全国人民的思想也跟着我们一起改变，一起进步。

因此日丹诺夫又说："表现苏维埃人民伟大的新品质，表现我们人民不仅像今天的样子，而且眺望到他们的将来，帮助照耀前进的道路。这就是每一个有良心的苏维埃作家的任务。"

今日中国每一个前进的写作者，实在也肩负着与苏联作家同样的任务。

没有正确的前进的思想，固然写不出好文章，另外还有一种故意歪曲的反动思想，它所写成的文章，尤足以毒害大众。例如蒋介石的《争取国家的自由平等》，开头就说：

---

① 日丹诺夫(1896—1948)：苏联革命家、政治家、军事家。

我们要建立真正自由、平等的新中国，一定先要我们全体国民，统统能够牺牲自己个人的自由，个人的平等。这就是说：在国家不自由、不平等的时候，全体国民要把一切自由、平等的权利统统贡献给国家，来争整个国家的自由，国家的平等！

像这种文章，粗看似乎言之成理，其实完全是一派法西斯的胡言，掩饰不了作者压迫人民、奴役人民的野心。因为“要建立真正自由、平等的新中国”这件事，完全与“全体国民，统统能够牺牲自己个人的自由，个人的平等”不相关涉。

过去中国失却自由平等，谁都知道是英、美、法、日等帝国主义国家侵略中国的结果，与国内的人民有什么关系呢？可是照作者的说法，好像这件事的责任，还在于国内人民不愿牺牲自己的自由和平等，世界上凡是强大的国家，人民莫不牺牲了个人的自由平等似的。

在此次大战时，这样的国家固然并非没有，那就是德国、日本、意大利，可是这些国家是怎样的国家？那些压迫人民、奴役人民的法西斯独裁者，结果又把“国家”搞到如何地步呢？

老实说，一个强大的中国，全靠中国人民努力，才能建立成功；如果中国人民都失去了各人的自由平等，建国的工作就只好让作者一个人去搞了。

作者之所以这样胡言，无非是想做中国的希特勒或墨索里尼，让他独自一个人操纵中国的命运，控制全国四万万七千万人的生死存亡之权罢了。